# Dieux et pharaons d'Égypte

Pascal Vemus

# Dieux et pharaons d'Égypte

FIRST
Editions

ISBN 2-75400-155-7
Dépôt légal : 1er trimestre 2006
Imprimé en Italie
Conception couverture : Bleu T

Conception graphique : Georges Brevière



Éditions Générales First
27, rue Cassette, 75006 Paris
Tél : 01 45 49 60 00
Fax : 01 45 49 60 01
e-mail : firstinfo@efirst.com

# Introduction

Certains mots sont magiques, « Pharaon » est de ceux-là… Depuis deux siècles que l'égyptologie existe et nous fascine, les dieux et pharaons d'Égypte nous restent inaccessibles, nimbés de divinité, enveloppés dans leurs bandelettes, enfouis dans leur chambre secrète.

Pour lever un coin du voile, le petit livre des *Dieux et Pharaons d'Égypte* fournit l'essentiel de ce qu'il faut savoir sur la civilisation et les croyances de l'ancienne Égypte (dieux, pharaons, momies, pyramides, croyances…). Nous croyons bien connaître l'Égypte (grâce aux grandes expositions, romans et beaux livres qui lui sont régulièrement consacrés), mais les découvertes archéologiques récentes permettent de revisiter un certain nombre de clichés qui ont la dent dure…

Ce livre est aussi l'occasion de ménager une place centrale aux épouses de pharaons : de Hatchepsout à Cléopâtre, mères, concubines, épouses… elles eurent une influence considérable sur les différents pharaons.

# PREMIÈRE PARTIE

# LES PHARAONS... ET LEURS ÉPOUSES

Le terme de pharaon provient de l'égyptien *perâa*, « la grande maison » qui, désignant à l'origine le palais, en est venu à s'appliquer à celui qui y réside. Le pharaon dispose d'une titulature, appelée « protocole », qui comporte cinq noms : le nom d'Horus, le nom des deux maîtresses, le nom d'Horus d'Or, le nom de roi du Sud et du Nord, ou prénom, le nom de fils de Rê, ou nom de naissance, ces deux derniers étant entourés d'un cartouche.

Chaque évocation touchant à sa personne est suivie de l'exclamation « Vie, Plénitude, Santé ! ». Il est pourvu d'un trousseau abondant d'insignes ; des perruques, des coiffures dont les couronnes de Haute-Égypte et de Basse-Égypte, plusieurs insignes, dont l'*uræus*, diadème en forme de cobra, la queue de taureau, la barbe postiche, les sceptres. Un apparat somptueux l'entoure. Une étiquette minutieuse et solennelle règle chacun de ses faits et gestes.

## Un pouvoir d'origine divine

Le pharaon tient sa légitimité du dieu solaire

créateur, dont il est le substitut terrestre. Selon le mythe, le créateur régna sur terre, jusqu'au jour où, fatigué d'avoir à mater l'indocilité des hommes, il décida de la superviser de plus haut, dans les cieux. Pour gouverner directement les hommes à sa place, il établit la fonction de pharaon, confiée à un être humain, son vicaire. Le créateur n'en conserve pas moins en dernière instance le contrôle des affaires terrestres, car un lien étroit l'attache au pharaon. Ce lien est exprimé à travers le mythe de la théogamie (« mariage sacré ») : c'est le créateur qui est censé engendrer le futur pharaon en prenant la forme de son prédécesseur pour s'unir à la reine, épouse de celui-ci. À partir de là, le pouvoir pharaonique se voit attribuer trois domaines d'exercice :

- LA SOUVERAINETÉ SUR L'ÉGYPTE.
  Le pharaon est la clé de voûte de l'organisation sociale, qui est elle-même une des manifestations de l'ordre de la création, la Maât.
- LA SOUVERAINETÉ SUR LA TERRE ENTIÈRE.
  L'Égypte, en effet, est un empire dans la mesure où sa mouvance potentielle s'étend théoriquement jusqu'aux limites du monde terrestre.

Les peuples qui l'entourent dans toutes les directions sont voués à lui être soumis. Certes, cet assujettissement n'est évidemment pas partout effectif, loin s'en faut. Mais, c'est précisément le devoir de chaque pharaon d'y contribuer en « élargissant les frontières », de manière à poursuivre l'aménagement du monde terrestre.

- LA PARTICIPATION AU FONCTIONNEMENT DE LA CRÉATION EN TANT QUE REPRÉSENTANT L'HUMANITÉ. Pour sauvegarder la création, par nature fragile et sous la menace du non-être, les divinités qui en représentent les principes actifs ont besoin de la collaboration de l'humanité. Laquelle se manifeste à travers les rituels et rites que le pharaon accomplit au nom de l'humanité et au bénéfice des divinités.

Dans l'exécution de ces lourdes charges, il est guidé par la volonté divine, dont il est le vecteur privilégié. Elle se manifeste à lui sous diverses formes. Dans des cas particuliers, elle se révèle à travers des signes ominaux, des prodiges, des mouvements inattendus de la barque porteuse de la statue au cours d'une cérémonie. Le dieu signifie aussi sa volonté lors de consultations privées dans le secret du sanctuaire. Le plus souvent, il opère en n'importe quel lieu par des pulsions irrésistibles à l'intérieur du « cœur » du pharaon, siège des facultés intellectuelles, en même temps que réceptacle de l'inspiration. Ainsi, les actes et les mesures ordonnés par le dieu au pharaon deviennent des actes et des mesures que le pharaon ordonne à son tour aux humains. Chaque fois qu'il agit dans l'exercice de sa fonction, le pharaon est animé par deux facultés suprahumaines, d'une part le discernement (*Sia*), d'autre part, la parole créatrice (*Hou*), qui est censée faire advenir ce qu'il énonce par le seul fait de l'énoncer (« performativité »). Toute parole prononcée par lui sous le coup de cette inspiration prend la forme d'un « rescrit (ou décret) royal ».

## Le pouvoir politique

Le fondement de l'autorité politique du pharaon est donc l'inspiration divine. Une telle doctrine justifie les pleins pouvoirs d'un monarque qui n'a guère de bornes juridiques. Il a la propriété « éminente » de tous les territoires d'Égypte, et est le maître absolu de ses habitants. Il concentre entre ses mains ce que nous appellerions l'exécutif et le législatif. Évidemment, point de Constitution à laquelle il lui faudrait se conformer. Tout au plus consulte-t-il les écrits anciens pour s'informer des coutumes et de l'état de faits relatifs à la question sur laquelle il statue. Ce qu'on appelle « les lois », n'est que la substance normative déductible du fatras des coutumes et des « rescrits » royaux antérieurs, à laquelle viennent s'ajouter les siens. Le pharaon dispose d'un formidable ensemble de moyens de production et de forces de travail à travers les différents appareils et institutions, à la fois relativement autonomes et interdépendants, qui constituent l'État. Certains sont spécialement dévolus aux soins de sa personne. Entre autres, il existe au Nouvel Empire un service entièrement dédié à l'aménagement et au décor de sa tombe, qui comprend des dessinateurs, des sculpteurs, des graveurs, des peintres, des scribes et tout un personnel subalterne voué à leur entretien.

Le pharaon est aussi le chef de guerre suprême. Il commande donc toutes les forces militaires de l'Égypte.

## Le pouvoir religieux

Enfin le pharaon détient aussi le pouvoir religieux. C'est à lui qu'incombe en théorie la célébration de tous les cultes dans tous les sanctuaires d'Égypte. Voilà pourquoi des milliers de scènes sur leurs parois le montrent accomplissant le rite devant les divinités, où il figure de même taille qu'elles. Le très nombreux clergé n'officie donc, en principe, que par délégation du pharaon, et les immenses ressources des temples d'Égypte sont placées en dernière instance sous son autorité.

Le pharaon a aussi un rôle éponyme. Les noms des territoires conquis sur l'extérieur ou les terres neuves : îles, méandres ou bras asséchés en Égypte même, des nouveaux monuments et édifices, des nouvelles institutions et de leurs manifestations matérielles (statues, bateaux, etc.) sont formés sur le sien. C'est l'année de règne du pharaon du moment, à partir de son accession au trône, qui détermine la datation. Des listes de pharaon – remontant jusqu'à la création ! – permettent de se repérer d'un règne à un autre et, par exemple, de calculer des arriérés d'impôts à compter de souverains antérieurs.

# Les pharaons et les grands hommes

## ÂHA

Nom d'Horus du premier pharaon de la I^re^ dynastie, et donc du premier pharaon de l'histoire, tardivement connu sous le nom de Ménès, selon certains. D'autres attribuent cet honneur à Nârmer, son prédécesseur. Tout dépend lequel des deux a unifié la Haute et la Basse-Égypte en un seul royaume (vers 3000 avant J.-C.). En tout cas, cette unification est certainement accomplie sous Âha. À Saqqara, nécropole de Memphis, la capitale de ce royaume, ont été retrouvées des tombes de dignitaires ayant officié sous lui.

## AKHENATON (ci-devant AMENHOTEP IV)

Dixième pharaon de la XVIII^e^ dynastie, fils d'Amenhotep III et de Tiyi (1353-1336 avant J.-C.). Dès son accession au trône, sous le nom d'Amenhotep, après trois autres prédécesseurs du même nom, il montre dans sa politique de travaux une tendance novatrice. Il décide de mobiliser les ressources du pays pour édifier à Karnak, au bénéfice de Rê-Horakhty, un temple appelé « le grand Benben de Rê-Horakhty en son nom de lumière qui est dans le disque ». Si le dieu conserve son aspect hiéracocéphale (« à tête de faucon »), il est affublé de l'épithète : « qui se réjouit en son nom en tant que lumière qui est dans le disque », soulignant que c'est à travers le disque, en égyptien *aton*, qu'il se manifeste. Ce temple est élargi en un vaste sanctuaire, où prévaut une architecture à ciel ouvert, et où la lumière solaire est célébrée par le pharaon et son épouse Néfertiti. Mû par une irrépressible tendance à pousser plus avant, il introduit d'autres innovations, en généralisant l'image d'Aton sous forme d'un disque pourvu de l'*uræus*, dont les rayons se terminent par des mains, et en écrivant son identité en deux cartouches. Il impose, enfin, un style maniéré, frisant la caricature avec des visages étroits, des crânes allongés à l'arrière, des cous minces et étirés, alors que les ventres sont ballonnés.

En l'an 4 de son règne, il célèbre un jubilé. En se radicalisant davantage, le pharaon en arrive à la rupture avec l'orthodoxie, en l'an 5 de son règne. Elle se marque d'abord par un changement dans son nom de fils de Rê : abandonnant Amenhotep, il devient Akhenaton, « celui qui est utile au disque ». Elle se continue par la proscription acharnée du dieu Amon, dont le nom est partout effacé. Elle se matérialise, enfin, par la fondation en Moyenne-Égypte d'une nouvelle capitale, appelée Akhenaton, l'« Horizon du disque », dans un site proche du village moderne d'El-Amarna, en face d'Hermopolis. Son territoire est délimité par des stèles. La ville elle-même se répartit en palais, temples, villas, fortifications, bâtiments administratifs, greniers, villages d'ouvriers, le long d'une chaussée de huit kilomètres. Akhenaton s'y entoure d'une cour de dignitaires d'origines diverses. Il y développe et fait évoluer sans cesse sa doctrine, fondée sur la notion d'immanence : la divinité du disque, Aton, est tout entière présente dans la lumière qu'il irradie, loin de demeurer inaccessible, comme le symbolise Amon, « le caché ». Il n'y a qu'un seul dieu, Aton, et Akhenaton en est le partenaire et l'interprète dans une communion exclusive. En guise de liturgie, lui, son épouse et ses six filles consentent au reste de l'humanité de les contempler sous le disque. Akhenaton mena, semble-t-il, cette conduite jusqu'en l'an 17. Les conditions de sa disparition nous sont inconnues. Il semble bien que lui succéda pendant trois ans une reine qui est sans doute Néfertiti, encore qu'on ait pensé aussi à sa fille aînée Mérytaton. Le règne de Toutankhamon marqua le retour à l'orthodoxie. Le nom d'Amon fut rétabli, tandis qu'à son tour, Akhenaton devint l'objet de proscriptions. Désigné quand c'était indispensable par l'épithète « le déchu », il fut rayé de l'histoire officielle. Son aventure a profondément frappé. Sigmund Freud a développé la thèse selon laquelle Moïse se serait inspiré d'Akhenaton pour imposer le monothéisme aux Hébreux. La thèse est historiquement intenable mais reste un jalon dans notre culture moderne.

## AMASIS

Avant-dernier pharaon de la XXVIe dynastie, après avoir arraché le pouvoir à Apriès en s'appuyant sur les militaires. Sous son règne (570-526 avant J.-C.), la renaissance voulue par ses prédécesseurs atteignit son apogée. Il resserra les liens avec les cités grecques et conquit Chypre. Il mena une active politique monumentale en faveur des temples, mit en œuvre de significatives réformes administratives et fiscales, et parvint à assurer à l'Égypte une prospérité inégalée depuis longtemps. De là, dans la postérité, une image haute en couleur de bon vivant, un tantinet ivrogne.

## AMENHOTEP (/AMÉNOPHIS) I

Deuxième pharaon de la XVIIIe dynastie, fils et successeur d'Amosis. Il consolida durant son règne (environ 1514-1493 avant J.-C.) la réunification et la réorganisation de l'Égypte après l'expulsion des Hyksôs. Il s'attacha particulièrement à la restauration des traditions artistiques et du savoir sacerdotal. Sans doute fonda-t-il l'Institution de la Tombe, chargée d'aménager les hypogées des pharaons. D'où son culte, associé souvent à celui de sa mère Ahmès Néfertary, solidement et longuement établi dans le village des ouvriers de cette institution, sur le site actuel de Deir el-Médina.

## AMENHOTEP (/AMÉNOPHIS) II

Septième pharaon de la XVIIIe dynastie, il régna vingt-huit ans, dont trois comme corégent de son père Thoutmosis III (1428-1401 avant J.-C.). Il lui fallut maintenir la domination égyptienne que celui-ci avait imposée sur la Syro-Palestine, contre les velléités d'indépendance des potentats locaux, tel le roi de Qatna, et les appétits concurrents du Mitanni, de Babylone et des Hittites. Il y parvint plus ou moins en menant des expéditions sanglantes, et en recourant à des châtiments spectaculaires. Au demeurant, Amenhotep II s'est systématiquement dépeint comme un homme d'action passionné par les chevaux et cumulant – réellement ou fictivement – les prouesses sportives au tir à l'arc au maniement de l'aviron. En tout cas, son règne consacre une évolution profonde de la civilisation égyptienne. Elle s'affranchit d'un classicisme fondé sur l'imitation des modèles du Moyen Empire, pour s'ouvrir à une inspiration plus rafraîchissante, en prenant en compte les innovations venues d'Asie.

## AMENHOTEP (/AMÉNOPHIS) III

Fils de Thoutmosis IV, neuvième pharaon de la XVIIIe dynastie (1391-1353 avant J.-C.). Son règne marque l'apogée de la prospérité de l'Égypte. Se limitant à quelques expéditions guerrières, le pharaon préféra gérer la domination égyptienne par une diplomatie intense, qui l'amena, à trois reprises, à faire venir à la cour pour les épouser des filles et des sœurs de souverains régnant sur le Mitanni ou sur Babylone. Il accrut encore les fastes et les pompes qui marquaient les activités du pharaon, célébrant pas moins de trois jubilés.

Dans le secteur méridional de l'occident de Thèbes, il fit bâtir un palais somptueux, sur le site actuel de Malgatta, agrémenté d'un bassin artificiel de 2,5 $km^2$. Sur la rive opposée, il développa le temple de Louqsor par une colonnade qui enchante les touristes modernes, et multiplia les aménagements et les constructions sur tout le territoire égyptien et en Nubie, en particulier à Soleb. Il fit creuser sa tombe dans un petit diverticule de la Vallée des Rois, et édifia un immense temple funéraire dont les vestiges sont en quelque sorte gardés par deux statues colossales, appelées « colosses de Memnon » par les Grecs. Ils avaient réinterprété sous ce nom d'un roi de leur mythologie le nom de couronnement du pharaon Menmaât(rê). Au début de l'époque romaine, l'un de ces colosses émettait un son vibrant au lever du soleil, ce qui en fit longtemps une attraction touristique avant que ce phénomène cessât.

Amenhotep III favorisa généreusement son épouse principale Tiyi, en avantageant sa région d'origine en Haute-Égypte, et surtout en la faisant représenter abondamment sur les monuments officiels. Elle lui donna plusieurs enfants, dont le futur Amenhotep IV/Akhenaton. Sous le règne d'Amenhotep III, l'Égypte drainait un flot ininterrompu de tributs et d'apports provenant d'Afrique et du Proche-Orient, et accueillait une forte immigration et de nouvelles techniques. La civilisation évolua vers davantage de cosmopolitisme, d'ouverture dans les cultes et de raffinement. En témoignent des bas-reliefs et des peintures où, à l'équilibre harmonieux du style traditionnel, s'ajoute désormais une exquise délicatesse.

## AMENHOTEP (/AMÉNOPHIS) IV
voir AKHENATON

## AMENHOTEP fils de HÂPOU

Amenhotep III confia à Amenhotep fils de Hâpou, originaire d'Athribis en Basse-Égypte, la responsabilité des gigantesques travaux qu'il avait décidé d'entreprendre à Thèbes et ailleurs. Par la grandeur et la beauté des monuments édifiés, Amenhotep se gagna une réputation de sage inspiré des dieux, et d'autant plus qu'il avait fait œuvre d'innovateur en utilisant massivement le quartzite. La postérité en fit un saint patron sanctifié jusqu'à l'époque romaine, en l'associant à Imhotep.

## AMMÉNÉMÈS

Forme hellénisée du nom égyptien Amenemhat,

« Amon est en avant », porté par plusieurs pharaons des XIIe et XIIIe dynasties.

• **Amménémès I** (environ 1991-1962 avant J.-C.), ci-devant vizir, fonda la XIIe dynastie, et installa la capitale à Itchet-taouy, « celle qui saisit les deux pays », qui a donné le nom arabe du site de Licht, au sud de la plaine memphite. Il réorganisa l'administration et les découpages territoriaux. Il consolida la frontière orientale. Sa probable corégence avec son fils Sésostris I est encore discutée. On lui a attribué un enseignement posthume, dans lequel, après avoir été victime d'un attentat, il dénonce la noire ingratitude des hommes.

• **Amménémès III** (environ 1843-1796 avant J.-C.), sixième pharaon de la XIIe dynastie. Sous son règne, l'Égypte du Moyen Empire atteint le sommet de sa puissance. Les ressources de son territoire, de ses protectorats (Nubie) et de ses zones d'influence (côte libanaise) sont intensivement exploitées. À l'intérieur, la réorganisation de l'État a produit une classe moyenne puissante. Amménémès III édifie une pyramide à Dahchour, au sud de Saqqara, et une autre à Hawara dans le Fayoum. Le complexe funéraire et la ville associés à cette pyramide formaient un vaste ensemble que les Grecs identifièrent au Labyrinthe. Dans la région, le souvenir et le culte du pharaon, à travers la forme hellénisée Lamarès de son nom de couronnement Nymaâtrê, se perpétuèrent jusqu'à l'époque romaine.

## AMOSIS

Forme hellénisée du nom égyptien Iâhmès, « le dieu lune est né », porté par le fondateur de la XVIII^e^ dynastie (1539-1544 avant J.-C.), à distinguer de l'autre forme Amasis, nom d'un pharaon de la XXVI^e^ dynastie. Amosis poursuivit la grande entreprise de libération qu'avait tout juste ébauchée Kamès. Il s'empara d'Avaris la capitale des Hyksôs et s'en prit à leurs points forts de Palestine. Au sud, il mata leurs alliés nubiens. En Égypte, la remise en ordre se fit surtout au bénéfice des villes de Haute-Égypte qui relevaient du cartel irrédentiste, à l'origine du mouvement de libération.

## ANTEF

Nom porté par des pharaons des XI^e^ et XVII^e^ dynasties. Le plus célèbre est Antef II (environ 2115-2066 avant J.-C.) qui mena de durs combats contre le royaume d'Héracléopolis. Sa stèle tombale, où il avait fait représenter ses chiens, est devenue célèbre, d'abord dans la postérité égyptienne, quand une commission de contrôle en fit la description, puis dans l'égyptologie, quand elle fut mise au jour.

## AY

Le prototype de l'opportuniste. Époux de la nourrice de Néfertiti, il parvint à se faire reconnaître par Akhenaton comme son fidèle d'entre les fidèles durant l'épisode de l'« horizon du disque ». Après sa mort, il milita intensément pour le retour à l'orthodoxie en tant que vizir de Toutankhamon. Il déploya un tel zèle qu'à la mort de ce dernier, il s'imposa comme son successeur, conduisit ses funérailles et devint pharaon (environ 1326-1323 avant J.-C.).

## CHÉCHANQ

Noms de plusieurs pharaons, descendants de chefs libyens, qui régnèrent sur certaines parties de l'Égypte durant la troisième période intermédiaire. Le plus célèbre est Chéchanq I, fondateur de la XXII$^{e}$ dynastie (environ 945-924 avant J.-C.).

## CHÉOPS

Forme grecque de l'égyptien Khoufoui, nom du deuxième pharaon de la IVe dynastie (environ 2538-2516 avant J.-C.), passé à la postérité parce qu'il édifia, sur le site actuel de Giza, la plus grande des pyramides (hauteur 146,60 m ; largeur de la base 230,90 m). Elle était le centre d'un vaste complexe comprenant deux temples funéraires, des pyramides annexes et des sépultures pour sa famille. Un si gigantesque monument impliqua une mobilisation totale et continue tout au long du règne des ressources et des forces de travail disponibles, ce que confirment les maigres sources contemporaines. Il nécessita également une exploitation impitoyable des dizaines voire de centaines de milliers d'hommes et de femmes. D'où la mauvaise réputation de Chéops à laquelle Hérodote fait encore fait écho, deux mille ans plus tard, et qui s'oppose à la bonne réputation de son père Snéfrou. Cette renommée de cruauté était bien plus ancienne. Un conte égyptien du XVIIe siècle avant J.-C. dépeint le pharaon comme un tyran sans cœur, auquel un sage, Djedi inflige une cinglante leçon d'humanisme. Voulant mettre à l'épreuve la capacité prêtée à ce Djedi, de recoller les têtes coupées, Chéops propose aussitôt de prendre un prisonnier comme cobaye. Djedi, sans se soucier de l'éminent statut de son interlocuteur, lui rappela sèchement qu'un être humain ne devait pas être traité comme un vulgaire animal.

## CHÉPHREN

Forme hellénisée du nom égyptien Rêkhaf, porté par le fils de Chéops et quatrième pharaon de la IVe dynastie (environ 2509-2484 avant J.-C.). Célèbre pour sa pyramide, la deuxième en volume après celle de Chéops, et par le rocher sculpté en forme de sphinx près de son temple funéraire.

## DJOSER

Deuxième pharaon de la IIIe dynastie (environ 2617-2599 avant J.-C.), célèbre pour sa pyramide à degrés et le complexe attenant sur le plateau de Saqqara, réalisés sous la direction d'Imhotep.

## HOREMHEB

Dernier pharaon de la XVIIIe dynastie (environ 1323-1293 avant J.-C.), après avoir été général. Il paracheva le rétablissement de l'orthodoxie après l'épisode amarnien, et fut considéré par l'histoire officielle comme le seul pharaon politiquement correct après Amenhotep III. Il se fit aménager deux tombes, une à Saqqara, en tant que « prince héritier », et une autre dans la Vallée des Rois en tant que pharaon.

## IMHOTEP (IMOUTHES)

Architecte du pharaon Djoser et concepteur de la pyramide à degrés. Il en acquit une popularité si grande qu'on le fit intervenir fictivement dans des affaires postérieures à lui de deux millénaires ! Il finit par être divinisé en tant que fils de Ptah et d'une mortelle, et associé à Amenhotep fils de Hâpou ; il fut identifié par les Grecs à Asclépios.

## KAMÈS

Dernier roi de la XVII^e^ dynastie (1541-1539 avant J.-C.), issu d'une lignée de rois thébains, dont la souveraineté était confinée à la Haute-Égypte, le rapport de force étant alors largement favorable aux Hyksôs qui contrôlaient l'Égypte à divers degrés. Kamès entreprit de secouer ce joug, tentative qu'il narra sur deux stèles dressées dans le temple de Karnak, en se donnant le beau rôle. Ses conseillers, veules et apeurés, l'invitaient à se résigner, car ils trouvaient après tout cette sujétion supportable. Mais Kamès, en vrai héros, rejeta avec mépris leur pacifisme et décida de s'en prendre au dominateur abhorré et à son allié nubien au sud. Il se lança dans une campagne où il ravagea des territoires tenus par des collaborateurs des Hyksôs. À vrai dire, ses succès paraissent plutôt limités, mais ils eurent un grand retentissement car ils flattaient le sentiment nationaliste. Le texte de la stèle fut copié et reçu comme une œuvre littéraire.

## KHÂEMOUAST

Quatrième fils de Ramsès II, le deuxième qu'il eut de la reine Asetnofert, Khâemouast fut grand prêtre de Ptah à Memphis. Il exerça avec passion ce pontificat et apporta tous ses soins à la nécropole de la ville, restaurant certaines pyramides de l'Ancien Empire et aménageant le *Serapeum*, cimetière des taureaux Apis, où il fit établir sa sépulture. Il se forgea tout à la fois dans les bibliothèques et sur le terrain par la visite des monuments, une immense compétence en sciences et – même si le terme paraît anachronique – en archéologie religieuse, puisqu'il s'affaira à restaurer les pyramides des pharaons de l'Ancien Empire. La postérité ne s'y trompa pas, qui en fit le parangon de l'intellectuel curieux. Un cycle d'œuvres tardif a pour héros récurrent Sétné-Khâemouast, dont le nom est formé d'un titre du clergé de Memphis et du nom du prince.

## MANÉTHON

Prêtre égyptien de Sébennytos, dans le delta, qui écrivit en grec, sous les règnes de Ptolémée I et de Ptolémée II (IIIe siècle avant J.-C.) une histoire de l'Égypte (Aegyptiaca) à partir des sources pharaoniques qu'il maîtrisait fort bien. Son œuvre ne nous est parvenue qu'à travers des citations, des extraits ou des abrégés qui l'ont sensiblement déformée, surtout pour les noms propres et les dates. C'est d'autant plus dommage que les informations qu'elle livre apparaissent souvent fiables là où elles peuvent être recoupées, une fois, bien sûr, juste part faite à l'exagération et à l'affabulation propres aux traditions écrites et orales utilisées. En tout cas, l'égyptologie a pris à son compte le découpage en dynasties opéré par Manéthon dans la succession des pharaons.

## MÉNÈS

Forme hellénisée du premier pharaon selon une tradition ne remontant pas avant le Nouvel Empire. On a cherché en vain à retrouver son nom dans les sources les plus anciennes. En fait, celles-ci montrent que le fondateur de l'histoire pharaonique a été soit Nârmer, soit Âha.

## MERNEPTAH

Fils et successeur de Ramsès II, quatrième souverain de la XIXe dynastie (environ 1213-1204 avant J.-C.). En l'an 5, il stoppa avec beaucoup de difficultés le déferlement de peuplades libyennes et égéennes sur l'Égypte. Il eut aussi à réprimer une révolte en Nubie, et à réaffirmer l'influence égyptienne en Palestine par quelques opérations. La stèle sur laquelle il rend compte de ces succès a fait sa célébrité à cause du passage suivant :

« *La Libye a été détruite et la nation hittite se trouve pacifiée :*
*Le Canaan est dépossédé de toute nuisance ;*
*Ascalon a été emporté et on s'est emparé de Gezer.*
*Yenoam se trouve réduit à néant ;*
*Israël est éradiqué ; il n'a plus de semence ;*

*Khor [la Syro-Palestine] se trouve devenue une veuve à l'égard du Pays-aimé [l'Égypte].* »

Formulée dans le style habituel de l'idéologie, cette exaltation de l'ordre imposé à ses voisins par l'Égypte n'a rien à voir avec l'Exode. Israël est désigné, par des procédés graphiques (déterminatifs) comme une ethnie dont la nuisance possible, comme celle d'autres États ou cités-États, a été neutralisée par les opérations militaires au cours desquelles ses femmes et ses enfants ont probablement été déportés en Égypte, selon l'usage.

## MONTOUHOTEP

Ce nom, qui signifie « Montou est satisfait », a été porté par plusieurs pharaons de la XI$^{e}$ dynastie et du Moyen Empire. Le plus illustre est Montouhotep II Nehépetrê, qui réussit à réunifier l'Égypte, en mettant fin à la première période intermédiaire (environ 2022 avant J.-C.). Il édifia à Deir el-Bahari un complexe funéraire original, qui inspira, plus de quatre siècles plus tard, celui de la reine Hatshepsout.

## NÂRMER

Nom d'Horus d'un souverain qui fut soit le dernier roi de la période protodynastique, soit le premier pharaon de la Ire dynastie et donc de l'histoire, tardivement connu sous le nom de Ménès, si c'est bien lui qui a unifié en un même royaume la Haute et la Basse-Égypte. Les égyptologues en débattent encore.

Parmi les nombreux documents à son nom, une massue votive et surtout une palette sur laquelle figurent des thèmes plus tard usuels de l'idéologie pharaonique, en particulier le port de la couronne de Haute-Égypte sur une face et de la couronne de Basse-Égypte sur l'autre face.

On y a vu la commémoration de l'unification de l'Égypte (vers 3000 avant J.-C.). Mais s'agit-il vraiment de la référence à un événement précis, ou simplement une manifestation générale du décorum royal ? En tout cas, des découvertes récentes faites à Abydos prouvent que Nârmer appartient à la même lignée que les pharaons de la Ire dynastie, et qu'il était associé aux mêmes cultes funéraires.

## NECTANÉBO

Forme hellénisée de Nekhthoremhebyt, nom du dernier pharaon de la XXX^e^ dynastie (359-341 avant J.-C.), vaincu par le Perse Artaxerxès III. On étend improprement cette forme au nom de son grand-père, en réalité Nekhtnebef (378-360 avant J.-C.), en le qualifiant de Nectanébo I. Celui-ci parvint à gérer assez efficacement l'Égypte pour mener une active politique de restauration des temples.

## OSORKON

Noms de plusieurs pharaons, descendants de chefs libyens, qui régnèrent sur certaines parties de l'Égypte durant la troisième période intermédiaire.

## PÉPY

Nom de deux pharaons de la VI^e^ dynastie.

- **Pépy I** (environ 2289-2247 avant J.-C.) dut déjà faire des concessions aux pressions autonomistes des lignées régionales, en particulier celle d'Abydos.
- **Pépy II,** cinquième et dernier roi de la VI^e^ dynastie, régna quatre-vingt-quatorze ans (environ

2241-2148 avant J.-C.). Durant ce long – trop long – règne, l'affaiblissement du pouvoir central s'accéléra. Dans son complexe de pyramides à Saqqara, il inclut des petites pyramides pour plusieurs de ses reines. La postérité ne flatta pas son image. Dans un conte, il s'échappe en catimini de son palais pour gagner la maison d'un général blanchi sous le harnois. Grimpant furtivement à une échelle, il vient se blottir dans la couche douillette du militaire.

## PIÂNKHI

Parfois connu sous l'appellation erronée de Piyé, ce souverain (757-716 avant J.-C.) issu d'une lignée de rois koushites fortement égyptianisés et adorateurs d'Amon qui régnaient à Napata, poursuivit les visées expansionnistes de son père Kashta. À la suite d'une campagne militaire, il conquit la Haute-Égypte et imposa sa suprématie sur les principautés libyennes de Basse-Égypte. Il retourna ensuite à Napata, près de laquelle il choisit se faire inhumer dans une pyramide, remettant ainsi en usage l'ancien type de sépulture. Son frère Chabaka établit définitivement la domination koushite sur l'Égypte (XXV$^{e}$ dynastie).

## PSAMMÉTIQUE

Ce nom, sans doute d'origine libyenne, a été rendu illustre par trois pharaons de la XXVIe dynastie, appartenant à une lignée de Saïs.

- **Psammétique I** (environ 664-610 avant J.-C.) refit l'unité de l'Égypte après la domination koushite et l'invasion assyrienne, et réorganisa l'État.
- **Psammétique II** (595-589), petit-fils du précédent, mena une expédition jusqu'à Napata pour annihiler définitivement chez les koushites tout espoir de reconquête. Sous son règne s'affirme l'équilibre entre le néo-classicisme et l'ouverture aux cultures étrangères, entre autres grecque et babylonienne, caractéristique de la renaissance « saïte ».
- **Psammétique III** (525-536), dernier pharaon de la XXVIe dynastie, fils d'Amasis, ne put empêcher le roi de Perse Cambyse de conquérir l'Égypte. Vaincu, il se suicida.

## PTAHHOTEP

Parmi les nombreux porteurs de ce nom qui signifie « Ptah est satisfait », se détachent cinq vizirs de la Ve dynastie (2450-2321 avant J.-C.). L'un d'eux a bâti à Saqqara pour lui et pour son fils Akhethotep une tombe fameuse. De nos jours les touristes admirent les scènes de sa chapelle funéraire.

Mais il avait déjà acquis auprès de sa postérité une telle réputation qu'il fut promu au statut d'intercesseur, censé faire passer dans le monde divin les demandes des particuliers. Plus encore, on lui attribua, de manière apocryphe, la paternité d'un enseignement ou sagesse, c'est-à-dire un recueil de préceptes visant à définir le bon comportement, composé probablement deux ou trois siècles après sa mort. L'enseignement de Ptahhotep marqua profondément l'élite lettrée de l'Égypte pharaonique et peut être considérée comme l'œuvre fondatrice de la culture classique.

## PTOLÉMÉE, ÉPOQUE PTOLÉMAÎQUE

Alexandre meurt en 323 après avoir conquis l'Égypte, dans la mesure où elle faisait partie de l'Empire perse. Son demi-frère Philippe Arrhidée est proclamé roi, puis, après un partage entre les généraux, l'Égypte revient à un général Ptolémée fils de Lagos, qui, en 302, se proclame roi sous le nom de Ptolémée Sôter. Il inaugure une dynastie qui comportera avec lui quinze Ptolémées, dont les règnes constituent l'époque ptolémaïque (jusqu'en 30 avant J.-C.).

C'est une dynastie grecque, dont la capitale est Alexandrie, et qui pratique des mariages incestueux, censés conserver la divinité de la famille royale et apaiser les incessants conflits de succession. Elle eut deux soucis majeurs. D'une part, faire s'opposer les membres de la dynastie séleucide d'Antioche pour le contrôle du Proche-Orient. D'autre part, trouver la conduite à tenir face à Rome qui lorgnait vers l'Égypte, depuis qu'elle était devenue une puissance méditerranéenne. Cela posé, les Ptolémées, en tant que souverains grecs, avaient à composer avec des sujets en forte majorité indigènes. Et si l'État pharaonique n'existait plus, la culture pharaonique demeurait fort vivace. Les Ptolémées lui donnèrent de nombreux gages en apportant une large contribution aux cultes et aux funérailles des animaux sacrés qui mobilisaient la foi populaire, en construisant des temples consacrés aux divinités égyptiennes, entre autres Dendara, Edfou, Ombos, Esna, Philæ, et en tolérant que la science sacerdotale les enrôlât comme pharaons, fictivement pourvus de l'apparat traditionnel dans les projections monumentales de son monde de croyances.

Exemple typique : la fameuse pierre de Rosette, copie destinée à l'affichage d'un décret promulgué en 196 avant J.-C. par un synode réuni à Memphis en faveur de de Ptolémée V Épiphane.

Significativement, le texte est donné en trois versions : une version en écriture hiéroglyphique et en langue de tradition pour le sacraliser ; une version en écriture et langue démotiques, pour être comprise de la population indigène ; et enfin une version en grec, puisque c'était la langue de ceux qui détenaient le pouvoir.

## RÂMOSE

Ce très fréquent nom propre, qui signifie « Rê est mis au monde », a été particulièrement illustré par un vizir exerçant durant le règne d'Amenhotep III et le début de celui d'Amenhotep IV (environ 1391-1349 avant J.-C.). Sa tombe, sise à Sheikh-Abd-el-Gourna, compte parmi les joyaux de la civilisation pharaonique. Les parois de la chapelle funéraire, en effet, sont décorées, d'une part de bas-reliefs sculptés dans le calcaire avec une merveilleuse délicatesse et un souci du détail stupéfiant, et, d'autre part, de peintures qui, unissant teintes fraîches et silhouettes exquises, sont universellement considérées comme des chefs-d'œuvre (en particulier, les pleureuses et les danseuses). Il y a plus, la paroi du fond illustre l'évolution des croyances sous Amenhotep IV, le futur Akhenaton. Si, à gauche de la porte, le pharaon est représenté assis sous le dais, dans une attitude et un style prévalant à l'époque de son père, à droite, c'est dans le nouveau style si particulièrement maniéré qu'il se penche du haut du balcon de son palais de Karnak, aux côtés de Néfertiti, sous Aton en tant que disque aux rayons terminés par des mains.

## RAMSÈS

Forme hellénisée du nom Râmessou qui signifie « c'est Rê qui l'a mis au monde ». Onze pharaons des XIX^e^ et XX^e^ dynasties ont porté ce nom, depuis Ramsès I, un vizir qui monta sur le trône. On appelle « période ramesside » ces deux dynasties en raison de la prédominance des pharaons ainsi nommés.

## RAMSÈS II

Fils de Séthy I, troisième pharaon de la XIX^e^ dynastie, il eut un très long règne (environ 1279-1213 avant J.-C.). Et ce fut un règne bien rempli.

Un grand nombre d'épouses, six à titre de reine, dont Néfertary, Asetnofert, une pléthore de concubines et une centaine d'enfants. Sur tout le territoire de l'Égypte, et aussi en Nubie et dans ses extensions au nord, il a multiplié les marques de son inlassable activité en apposant à l'envi ses cartouches et ses textes. Cette exubérance graphique est plus d'une fois en trompe-l'œil dans la mesure où il n'a pas toujours répugné à prendre à son compte ce qui avait été, en fait, l'œuvre de ses prédécesseurs. Cela posé, nombreuses et significatives sont les réalisations monumentales qui lui sont personnelles, à commencer par six temples en Nubie, dont les célébrissimes temples d'Abou-Simbel, qui, de par le « sauvetage » effectué entre 1963 et 1968 lors de la mise en eau du barrage d'Assouan, sont devenus le parangon de la technique mise au service de la sauvegarde archéologique. D'importance aussi, ses colosses, dont celui de Memphis, ses contributions aux sanctuaires de Karnak, de Louqsor, d'Abydos, de Memphis, et son temple funéraire, le Ramesseum, auquel les outrages du temps confèrent de nos jours un charme romantique. Plus encore, c'est une ville entière que Ramsès II fit advenir dans le delta oriental, sous le nom de Pi-Ramsès. Le style de ses monuments n'est pas toujours soigné, et sa standardisation se révèle un tantinet fastidieuse au fur et à mesure que se déroule le règne. Mais à ses débuts, Ramsès a produit quelques chefs-d'œuvre.

Ramsès II eut fort à faire en politique extérieure pour calmer l'agitation excessive des peuplades libyennes à l'ouest, ou de tribus bédouines à l'est. Mais la grande affaire du règne fut le heurt avec l'Empire hittite, dont l'appétit goulu sur la Syro-Palestine gênait l'appétit non moins goulu de l'Égypte sur une région qu'elle considérait comme relevant de sa zone d'influence. La confrontation militaire commença en l'an 5. « Intoxiqué » par des agents hittites qui s'étaient laissé capturer pour livrer de fausses informations, le corps d'armée que commandait Ramsès II fut surpris par l'armée hittite près de la ville de Qadesh. Les Égyptiens allaient succomber quand le pharaon implora l'aide d'Amon. Celui-ci répondit favorablement et lui accorda de rétablir, grâce à ses seules prouesses, une situation très compromise. La bataille fit l'objet de relations, par l'image et par les textes hiéroglyphiques, fixées sur les parois des temples de Karnak, de Louqsor, du Ramesseum et d'Abou-

Simbel. Leur élaboration soignée et leur inspiration quasi épique visant à conférer au pharaon les dimensions d'un héros frappèrent tant les contemporains qu'ils les reçurent comme œuvre littéraire, puisqu'un des récits, passé dans l'égyptologie sous le nom de Poème de Pentaouret, fit l'objet d'éditions en hiératique dans des bibliothèques privées.

Pour autant, le conflit avec les Hittites, loin d'être réglé par cette bataille en réalité très incertaine, dura encore seize ans, jusqu'à la signature d'un traité de paix, renforcé par le mariage de Ramsès II avec deux princesses hittites.

Ramsès II se ménagea une tombe dans la Vallée des Rois, à proximité d'une autre tombe consacrée à ses enfants. Sa momie, menacée par ses conditions de conservation, fut spectaculairement envoyée en France en 1976, avec les honneurs dus à un chef d'État, pour être traitée. On a conclu de son examen que Ramsès II était roux, caractéristique d'autant plus intéressante que les roux étaient voués à l'opprobre dans de nombreuses croyances. Mais il est possible que cette coloration provienne, en fait, d'ingrédients utilisés au cours de l'embaumement.

## RAMSÈS III

Ramsès III (environ 1187-1156 avant J.-C.) est le deuxième pharaon de la XXe dynastie, une nouvelle dynastie fondée par son père Sethnakht, après qu'il eut vigoureusement rétabli une situation politique fort détériorée. À bien considérer son règne dans l'ensemble de l'histoire pharaonique, on a quelques motifs légitimes de le qualifier de « charnière ». On y discerne tout à la fois les derniers sursauts de la prestigieuse puissance de l'Égypte, et les prémices des vicissitudes qui vont désormais s'abattre sur elle sans relâche. Les guerres qui marquèrent le premier tiers du règne s'étalent comme autant de triomphes sur les parois des temples, mais un examen critique serré a tôt fait de révéler une situation somme toute peu glorieuse pour l'Égypte. Celle-ci apparaît sur la défensive face au déferlement des Peuples de la mer et des Libyens, jusqu'à être non seulement mise en difficulté dans ses protectorats traditionnels de Palestine, mais parfois même submergée sur son propre territoire par des incursions repoussées à grand peine.

Sont aussi symptomatiques de cette situation charnière dans le cours de l'histoire pharaonique, deux faits marquant du règne :

- d'une part, un ambitieux programme de rénovation des institutions religieuses, portant aussi bien sur l'approvisionnement des temples – entre autre grâce à une expédition à Pount – que sur la reprise des grands travaux, couronnée par le temple funéraire de Médinet-Habou ;
- d'autre part, de sérieux dysfonctionnements de la machinerie étatique aboutissant à des carences si graves que le service chargé de l'aménagement de la tombe du roi en fût affecté jusqu'à susciter la grève de son personnel.

La fin de son règne est, elle aussi, ambivalente : elle est, d'une part, éclairée par un bilan triomphaliste, mis dans la bouche du pharaon à travers une prosopopée (le papyrus Harris), et, d'autre part, assombrie par une vaste conspiration. Ourdie dans le harem, elle visait à imposer comme successeur du pharaon Pentaour, le fils d'une de ses épouses, Tiyi, au détriment de celui qu'il avait choisi comme héritier présomptif. La conspiration dépassait en ampleur une simple intrigue de palais. Ses auteurs envisageaient bel et bien une sédition armée en s'appuyant sur des militaires et de hauts dirigeants. Il est bien possible qu'elle ait effectivement abouti au meurtre de Ramsès III. En tout cas, les conjurés furent très sévèrement châtiés.

## REKHMIRÊ

Nom d'un puissant vizir de Thoutmosis III, célèbre par sa tombe de la nécropole thébaine.

## SAHOURÊ

Deuxième pharaon de la Ve dynastie (environ 2444-2433 avant J.-C.), il multiplia les expéditions militaires et économiques à l'extérieur, en particulier à Pount.

## SENENMOUT

Précepteur de la princesse Néférourê, fille de Thoutmosis II et d'Hatshepsout (XVIIIe dynastie). Quand cette dernière exerça une corégence bien avantageuse pour elle avec Thoutmsosis III, il devint son homme de confiance, en tant que « chef de tous les travaux » et « intendant et responsable des greniers d'Amon », et peut-être aussi, son amant. Il supervisa les entreprises monumentales de la reine. Elle le combla de faveurs, lui accordant, entre autres, d'être représenté dans son temple funéraire de Deir el-Bahari. Qui plus est, les infrastructures de la seconde tombe que Senenmout s'était fait ménager, après une première tombe dans la « Vallée des Nobles », passaient sous l'enceinte de ce temple. Il semble avoir été victime de la persécution que Thoutmosis III mena contre Hatshepsout, lorsqu'il régna seul.

## SÉSOSTRIS

Forme hellénisée du nom égyptien Senousert, « homme de Ousert [une déesse] », porté par des pharaons des XII^e et XIII^e dynasties. La légende grecque de Sésostris se nourrit des hauts faits des deux pharaons suivants :

- **Sésostris I** (environ 1971-1926 avant J.-C.), qui succéda à son père Amménémès I, probablement après une corégence de dix ans. Il consolida le retour au bon ordre après les déchirements de la première période intermédiaire et les désordres qui avaient marqué la fin de la XI^e dynastie. Comme son père, il bâtit sa pyramide et le complexe afférent à Licht.
- **Sésostris III** (environ 1878-1843 avant J.-C.) liquida les dernières prétentions féodales de

certaines lignées de potentats régionaux et imposa un quadrillage administratif minutieux. Il paracheva l'intégration de la Nubie dans l'Empire égyptien en mettant en place un impressionnant système de huit forteresses pour contrôler la vallée du Nil jusqu'à la deuxième cataracte. Cette politique lui valut d'y être divinisé.

## SÉTHY I

Deuxième pharaon de la XIXe dynastie, issue d'une famille du Delta Oriental. Au demeurant, son nom fait référence à Seth, divinité de cette région. Déjà durant le court règne de son père Ramsès I, il exerça en pratique une bonne partie du pouvoir. Devenu pharaon (1291-1279 environ avant J.C.), il s'appliqua à sécuriser les marches du royaume. Au sud, contre les Nubiens, et à l'ouest, contre les Lybiens quelques opérations suffirent. En revanche, au nord, il lui a fallut guerroyer durement pour réaffirmer la sujétion de la Syro-Palestine à l'Égypte, il se heurta aux Hittites, préfigurant le long conflit qui les opposera à son fils Ramsès II.

Son activité de constructeur fut intense. Entre autres, il acheva la salle hypostyle du temple de

Karnak, qui illustre de manière exemplaire le sens du mot « gigantesque », fit bâtir son temple funéraire à Gourna et creuser son immense hypogée dans la Vallée des Rois, le premier a être décoré dans sa totalité, et de plus, avec une qualité supérieure à ce qui avait été fait et ce qui sera fait après. Mais son temple d'Abydos se distingue par un plan complexe, avec plusieurs chapelles et un cénotaphe souterrain en annexe (« Osieion »). Surtout dans ce temple, comme dans la tombe, les bas-reliefs montrent une admirable finesse qui les font compter parmi les chefs-d'œuvre de la civilisation pharaonique. Plus jamais, par la suite, l'art égyptien ne sera capable d'en produire de comparables.

## SMENKHKARÊ

Obscur et éphémère pharaon qui doit sa notoriété égyptologique au fait qu'il se situe dans la succession immédiate d'Akhenaton. Peut-être fut-il le mari et corégent de celle – Néfertiti ou Mérytaton – qui succéda au roi hérétique sous le nom d'Ankhkheperourê. Selon certains, il ne serait autre que le fils du roi hittite Zannanza, sollicité comme époux par la reine d'Égypte.

## SNÉFROU

Fondateur de la IVe dynastie. Son long règne (environ 2561-2538 avant J.-C.) fut marqué par une intense activité. Des mesures administratives et fiscales renforcèrent le contrôle du pouvoir sur les ressources et les moyens de production.

Quelques campagnes militaires efficaces sécurisèrent les marches occidentales et méridionales. Les mines de cuivre et de turquoise du Sinaï furent intensivement exploitées. Une grande expédition alla chercher au Liban le bois de charpente, sapin et cèdre, qui a toujours cruellement manqué à l'Égypte.

Mais surtout, Snéfrou se distingue par ses pyramides, pas moins de quatre ! Deux furent édifiées à Dahchour, au sud de Saqqara : la pyramide « rouge » et surtout la pyramide dite « rhomboïdale », avec son curieux changement dans l'angle de la pente, à mi-hauteur. Plus méridionale encore, dans la plaine qui précède l'oasis du Fayoum, se dresse à Meidoum une pyramide conçue comme une pyramide à degrés et peut-être originellement destinée au prédécesseur de Snéfrou. Enfin, à Seila, sur une petite hauteur qui surplombe Meidoum, une quatrième pyramide, de modestes dimensions, est aussi au nom de Snéfrou. Un bilan si spectaculaire n'a pas laissé de frapper la postérité.

Deux millénaires plus tard, Snéfrou jouissait encore d'un immense popularité. Il avait l'image d'un souverain débonnaire, aimant la bonne vie, égrillard parfois. Pour réchauffer ses os glacés, il faisait ramer devant lui des jeunes filles vierges, vêtues seulement d'une résille et d'un pendentif.

## TAHARQA

Fils du conquérant de l'Égypte Piânkhi, quatrième pharaon (690-664 avant J.-C.) de la XXV$^{e}$ dynastie dite « éthiopienne » ou « koushite », successeur de Chabaka et de Chabataka. Il entreprit nombre de constructions dans l'immense territoire qu'il gouvernait, du Soudan au Delta. Il parvint à gérer profitablement une crue exceptionnelle en l'an 6.

Il fut moins heureux dans ses guerres contre les Assyriens qui envahirent l'Égypte, mais la Bible lui sait gré d'avoir aidé Jérusalem contre ces derniers. Sa pyramide a été retrouvée au Soudan à Kourou et, à Kerma, on a mis récemment au jour une statue brisée par les Égyptiens au cours d'une expédition visant à annihiler définitivement toute prétention des Koushites sur l'Égypte.

## TAKELOT

Noms de plusieurs pharaons, descendants de chefs libyens, qui régnèrent sur certaines parties de l'Égypte durant la troisième période intermédiaire.

## THOUTMOSIS I

Troisième pharaon de la XVIIIe dynastie (environ 1493-1481 avant J.-C.), il consolida la domination de l'Égypte en Nubie jusqu'à la troisième cataracte, et affirma ses prétentions sur la Syro-Palestine en poussant jusqu'à l'Euphrate. Il eut soin de préparer les conflits à venir en aménageant un port près de Memphis et en renforçant la puissance de frappe de son armée. Il agrandit le temple de Karnak et son hypogée inaugura la Vallée des Rois.

## THOUTMOSIS III

Fils de Thoutmosis II, cinquième pharaon de la XVIIIe dynastie. Monté sur le trône tout jeune enfant, il fut supplanté dans l'exercice effectif du pouvoir par sa tante et belle-mère Hatshepsout pendant ses vingt-deux premières années de règne. Il le lui fit payer en persécutant sa mémoire, faisant effacer ses noms et fracasser ses statues.

Les trente et une années où il régna seul (1457-1426 avant J.-C.) furent bien employées. Il embellit nombre de temples, dont celui de Karnak, où il dressa des obélisques. L'un d'eux fut transporté plus tard à Constantinople. S'il avait les moyens de mener une ambitieuse politique monumentale, c'est que l'Égypte connaissait une grande prospérité fondée sur l'exploitation, sous formes diverses, des pays voisins. Au sud, Thoutmosis III poussa au-delà de la quatrième cataracte pour parachever et consolider l'assujettissement de la Nubie. Mais c'est surtout sur la Syro-Palestine qu'il établit l'hégémonie égyptienne.

Il ne lui fallut pas moins de quinze campagnes, qui le menèrent parfois jusqu'aux rives de l'Euphrate, pour mettre au pas les cités-États et leur coalition et surtout pour annihiler les prétentions du Mitanni, un État dominé par une aristocratie indo-européenne, et premier rival de l'Égypte. Résultat : toute la région fut fermement placée sous tutelle égyptienne, sous la surveillance de garnisons établies aux endroits stratégiques, et contrainte de livrer régulièrement d'importants tributs en produits variés à l'Égypte. Thoutmosis III fit graver un récit de ces campagnes, à partir des annales de son règne, sur les parois du temple d'Amon à Karnak. Il s'y donne évidemment le beau rôle, conjuguant la détermination d'un chef de guerre à l'habileté d'un chasseur d'éléphants. Sans doute faut-il nuancer cette belle image, compte tenu de l'exaltation systématique du pharaon propre à l'idéologie.

Mais la postérité n'en a pas moins promu Thoutmosis III parmi les plus grandes figures de l'histoire, et notre modernité en fait une sorte de Napoléon. Les hiéroglyphes qui écrivent son prénom, Menkhéperrê, sont devenus un sigle magique transformant en talisman les scarabées sur lesquels ils étaient inscrits.

## TOUTANKHAMON

Toutankhamon eut probablement pour père Akhenaton, le pharaon « hérétique ». Toutefois, il n'apparaît qu'exceptionnellement sur les monuments officiels de la capitale Akhenaton, l'« Horizon du disque », voulue par ce pharaon, qui, pourtant, s'est complu par ailleurs à mentionner sa femme et ses filles. La mère de Toutankhamon fut peut-être

Kiyè, une favorite, mais d'autres penchent pour Néfertiti. Il épousa très jeune Ankhesenamon (auparavant Ankhesenpaiton), la troisième fille d'Akhenaton. La tombe de sa nourrice Mouté (dite « Maia ») a été récemment découverte à Memphis.

Toutankhamon était encore un tout jeune enfant quand il fut hissé sur le trône, visiblement pour mener une politique de retour en douceur à l'ordre ancien qu'avait ébranlé Akhenaton. Toutefois, loin de le renier complètement, il fit transporter ce qui restait là-bas du sac de sa sépulture et de celle de sa mère Tiyi dans une réserve spécialement aménagée dans la Vallée des Rois. Très tôt, il modifia son nom originel de Toutankhaton, c'est-à-dire « Aton a une complète faculté de vie », en Toutankhamon, « Amon a une complète faculté de vie », et quitta Akhetaton. Il multiplia les mesures en faveur des dieux que l'hérésie avait négligés, voire lésés ou persécutés, comme dans le cas d'Amon. Il fit recruter de nouveaux prêtres dans des familles connues, et accorder au personnel subalterne un statut qui l'exemptait de la sujétion fiscale au domaine royal et le laissait pleinement disponible pour les seuls besoins des cultes, en le préservant des corvées et des réquisitions.

Toutankhamon restaura les temples et améliora leur mobilier. À Thèbes, il se lança dans des travaux d'une certaine ampleur. Il dressa dans le temple de Karnak de grandes statues d'Amon auquel il prêtait ses traits, fonda deux chapelles, et rendit politiquement corrects les sphinx d'Akhenaton et de Néfertiti en faisant remplacer leurs têtes, désormais abhorrées, par des têtes de béliers (« criosphinx »). Le temple de Louqsor bénéficia lui aussi de sa sollicitude, puisqu'il décora la colonnade d'Amenhotep III. Il y avait un sphinx du roi parmi les vingt-six statues de la favissa découverte en 1989. Par ailleurs, subsistent quelques témoignages de son activité monumentale à Memphis et en Nubie, où il eut à décider quelques opérations de police. Il est délicat de déterminer quelle part fut vraiment laissée à l'initiative personnelle de Toutankhamon durant ses neuf années de règne. En tout cas, deux personnages l'ont influencé, sinon manipulé, probablement en le tirant à hue et à dia au gré leurs intérêts contradictoires.

D'une part, Ay, qui, après s'être fait le plus fidèle dévot d'Akhenaton, parvint à survivre politiquement à la fin de son aventure et fut l'un des vizirs de Toutankhamon, en attendant de s'en faire le successeur comme pharaon. D'autre part, le puissant général et majordome Horemheb qui parvint à lui soutirer le titre d'héritier présomptif, mais dut s'effacer momentanément devant Ay avant de réaliser la promesse de ce titre et de monter sur le trône.

### Le mystère de la momie

Toutankhamon mourut à 18 ou 19 ans pour une raison inconnue. Contrairement à une thèse bruyamment colportée par les médias, sa momie ne porte aucune trace assurée de violence létale. C'est dans une tombe exiguë et ne reproduisant que très approximativement la disposition des autres tombes de la Vallée des Rois qu'il fut enterré par les soins de Ay. Et ce, dans la précipitation. Le mobilier n'avait pu être que très approximativement placé aux emplacements requis pour la pleine efficacité des rituels. Souvent, il n'y a pas d'adéquation entre l'étiquette des boîtes et autres contenants et leur contenu. Certes, l'or massif du cercueil intérieur et du masque du pharaon, les dorures des chapelles et de maints objets funéraires, la profusion d'autres matériaux précieux, les bijoux, les incrustations de pierres précieuses, de faïence, de pâte de verre et d'ivoire, les meubles finement ouvragés ou délicatement peints et vernis, les vases et récipients d'albâtre, le luxueux attirail d'apparat suscitent un émerveillement justifié. Mais à leur éclat ne saurait être apprécié le règne de Toutankhamon, qui fut au demeurant rayé de l'histoire officielle comme celui d'Akhenaton et de Ay. On a lieu de croire que la situation n'était guère brillante quand survint sa mort. Sa tombe fut profanée deux fois, peu de temps après qu'il y avait été inhumé. Plus encore, selon une thèse plausible, mais non assurée (voir Néfertiti), son épouse Ankhesenpaiton serait cette reine d'Égypte qui supplia le roi hittite Shouppiloulliouma de lui accorder un de ses fils comme époux parce qu'elle ne pouvait plus supporter sa condition de veuve.

## VIZIR

Dans son exercice du pouvoir, le pharaon s'appuie sur un très lourd appareil administratif dirigé par un haut magistrat, appelé conventionnellement « vizir » par les égyptologues.

Le vizir, – ou les vizirs car, à partir du Nouvel Empire, la fonction fut dédoublée – a sous sa responsabilité la production et la répartition de tout ce qui est nécessaire au fonctionnement de la société : l'agriculture avec la gestion de l'irrigation, les minéraux des déserts orientaux, les produits finis élaborés. Le vizir veille sur les archives, aussi bien les actes privés, en particulier les actes des transferts de biens, que les registres cadastraux servant à l'établissement des impôts.

Par là, il supervise l'activité judiciaire, en arbitrant non seulement entre les individus, mais aussi entre les institutions sans cesse en conflit en raison de l'entrelacs inextricable des coutumes et des dispositions écrites qui règlent leurs rapports. Certains vizirs devinrent pharaons (Amménémès I, Ay).

## Les reines

Cinq reines accédèrent au statut de pharaon : Nitocris à la fin de la VIe dynastie, Skémiophris à la fin de la XIIe, Hatshepsout, Ankhkheperourê Néfernéferouaton, (probablement Néfertiti) à la XVIIIe dynastie, et enfin Taousert, à la fin de la XIXe dynastie. D'autres exercèrent une régence, telles Mertneith à la première dynastie et Ahhotep au début de la XVIIIe dynastie.

### AHMÈS NÉFERTARY

Épouse d'Amosis, fondateur de la XVIIIe dynastie. Ses grandes activités politiques et religieuses – elle apporta des innovations dans les rituels – en firent une figure emblématique de son époque.Elle illustrait par là la tendance des reines à se hisser au premier plan, tendance partagée par

Ahhotep, Hatshepsout, Tiyi et Néfertiti. Avec son fils Amenhotep I, elle fut érigée aux rangs des divinités honorées dans les nécropoles de Thèbes.

## CLÉOPÂTRE

Suscitant poèmes, tragédies, romans, films, bandes dessinées, films tirés de bandes dessinées, Cléopâtre, – la septième du nom – est devenue un mythe, comme Néfertiti, et sans doute plus encore parce qu'elle concilie en sa personne le rêve pharaonique et l'histoire gréco-romaine.

Ptolémée XII, dans un testament déposé devant le Sénat romain, avait décidé une corégence entre Ptolémée XIII (10 ans) et l'aînée de ses trois filles, Cléopâtre VII (17 ans, née vers 69 avant J.-C.). Les deux corégents étaient censés se marier pour renforcer leur union, Pompée devenant leur tuteur. Bien entendu, ils se déchirèrent. Pompée, vaincu à Pharsale, se réfugia en Égypte où il fut assassiné.

### César

César arriva, soumit l'Égypte à l'occupation romaine, fut séduit par Cléopâtre. Une insurrection fomentée par Ptolémée XIII entraîna la guerre d'Alexandrie, César triompha et, affectant de suivre les dispositions du testament, donna à Cléopâtre la réalité du pouvoir, partagé nominalement avec Ptolémée XIV, puisque Ptolémée XIII était mort. Cléopâtre rejoignit César à Rome, puis revint en Égypte après son assassinat. Elle associa au pouvoir le fils qu'elle avait eu de lui sous le nom Ptolémée XV Césarion.

### Antoine

Antoine, devenu maître de l'Orient, tomba bien vite sous le charme de Cléopâtre, qui lui donna deux jumeaux et une fille. Il proclama Cléopâtre « reine des rois » et Césarion « roi des rois ». Au terme du conflit avec Octave, Antoine et Cléopâtre, défaits à Actium en 31, se réfugièrent en Égypte où ils se suicidèrent en 30 avant J.-C.

Octave, vainqueur, épargna les trois enfants et les envoya à Rome. Mais il fit tuer Césarion. Par-delà son histoire faite de faste, de sang et d'amour, Cléopâtre – particularité qui mérite d'être relevée – possédait une très solide culture, maîtrisait plusieurs langues étrangères et d'abord le démotique, dernier état de l'égyptien ancien, ce qui est exceptionnel dans la tradition aristocratique ptolémaïque.

## DIVINE ADORATRICE

Prêtresse, appelée aussi « épouse du dieu » ou « main du dieu », jouant le rôle d'éros féminin pour raviver les capacités créatrices du démiurge, afin de l'aider à maintenir le fonctionnement de la création. Avec l'avènement de la théocratie sous la XXI$^{e}$ dynastie, les divines adoratrices se voient contraintes au célibat, parce qu'elles sont censées être l'épouse terrestre du dieu Amon. Elles se succèdent par adoption. À leur fonction est attaché un domaine opulent, géré par un « grand intendant ». Elles ont une place importante dans le rituel, et prennent un tel poids politique que les pharaons de la troisième période intermédiaire et de l'époque saïte s'acharnent à imposer dans cette fonction des membres de leur famille.

## HATSHEPSOUT

Fille de Thoutmosis I et de la reine Ahmès, elle épousa son demi-frère Thoutmosis II, et lui donna la princesse Néferourê. Sa charge sacerdotale d'« épouse du dieu » lui assurait déjà un rôle important. Elle en tira parti quand, après le très bref règne de Thoutmosis II, monta sur le trône, désigné par un prodige d'Amon, un fils qu'il avait eu avec une reine secondaire, Thoutmosis III.

Celui-ci, qui était donc tout à la fois le neveu et le beau-fils d'Hatshepsout, était un très jeune enfant. Hatshepsout imposa d'abord une régence, en exerçant la réalité d'un pouvoir théoriquement détenu par le pharaon. Bien vite, en s'appuyant sur un prodige, elle transforma cette régence en corégence en se faisant couronner pharaon et en s'attribuant les principaux insignes de la fonction, en particulier un protocole complet avec deux noms entourés du cartouche. Toutefois, les événements demeuraient datés d'après les années de règne de Thoutmosis III. Cette situation dura jusqu'à l'an 22, où Hatshepsout disparut dans des circonstances inconnues. Thoutmosis III se vengea d'avoir été si longtemps contraint à ce partage humiliant pour lui en faisant effacer le nom d'Hatshepsout et en brisant ses statues.

En tout cas, Hatshepsout déploya une grande activité durant le temps où elle avait le pouvoir effectif. Elle mit au pas les Nubiens par plusieurs campagnes, et organisa en l'an 9 du règne une expédition vers la région de Pount (entre la côte soudanaise et l'Atbara, et peut-être plus à l'ouest) pour ramener des produits exotiques, en particulier des arbres à encens, qui furent replantés dans le temple d'Amon. Parmi ses constructions, se détache son extraordinaire temple funéraire à terrasses, surplombé par la falaise, sur le site de Deir el-Bahari. À une première tombe creusée pour Hatshepsout alors qu'elle n'était que reine, s'en ajoute une autre dans la Vallée des Rois.

## HETEPHEERES

Des reines ainsi nommées, la plus célèbre est l'épouse de Snéfrou et la mère de Chéops. Ce dernier veilla à lui donner une nouvelle inhumation, probablement après le sac de la tombe originelle, à l'est de la grande pyramide. Elle fut retrouvée encore scellée. Elle contenait le mobilier funéraire le plus complet et le plus riche de l'Ancien Empire. On peut en admirer les plus belles pièces au Musée du Caire : chaise à porteur, fauteuils, lit, canne dans son étui, vases d'or, d'argent et de cuivre, bijoux, dont des bracelets d'argent incrustés de pierres précieuses, et même des rasoirs. Le sarcophage était vide, mais un coffret à canopes conservait les viscères.

## MÉRYTATON

Son nom signifie « Aimée d'Aton ». Première fille d'Akhenaton et de Néfertiti, elle est très souvent associée à ses parents dans la célébration d'Aton sur les monuments. C'est en représentation de Mérytaton que furent modifiées les représentations de la favorite Kiyê après sa disgrâce. Mérytaton reçut le statut de « grande épouse royale », ce qui n'implique pas nécessairement qu'elle ait été réellement épousée par son père, comme on l'affirme naïvement. En revanche, nul doute sur son influence politique, reconnue en Syro-Palestine dans la correspondance diplomatique. De là vient une thèse qui l'identifie au mystérieux souverain qui succéda à Akhenaton sous les noms d'Ankhkheperourê et de Néfernéferouaton, et aussi à la reine qui demanda au roi hittite Shouppilouliouma un de ses fils comme époux. Mais d'autres préfèrent reconnaître en cette reine Néfertiti, Mérytaton lui étant associée en tant que « grande épouse royale ».

## NÉFERTITI

Son nom signifie « la belle est venue ». Peut-être fille du « père divin » Ay, qui deviendra pharaon. Épouse d'Amenhotep IV, devenu Akhenaton, elle lui donna six filles, dont les plus célèbres sont les trois premières, Mérytaton, promue au statut de « grande épouse royale » à la mort de son père,

Maketaton, morte avant lui, et Ankhesenpaiton, plus tard Ânkhesenamon, qui épousa Toutankhamon. Néfertiti suivit Akhenaton à Akhetaton, l'« Horizon du disque » et partagea pleinement sa nouvelle doctrine politico-religieuse. Elle en bénéficia même, dans la mesure où cette doctrine promouvait la famille royale à un statut jamais atteint auparavant. Sur les monuments de l'« Horizon du disque », non seulement Néfertiti rend le culte à Aton à côté de son mari, mais parfois même elle officie toute seule. Après avoir été plus ou moins éclipsée par la favorite Kiyê, elle retrouva toute son influence dans les dernières années du règne au point de devenir une quasi-corégente.

Il y a sans doute plus : à la mort d'Akhenaton, lui succéda pendant trois ans un mystérieux pharaon, appelé Ânkhkheperourê Néfernéferouaton. Selon une thèse plausible, mais contestée, il s'agirait tout simplement de Néfertiti, dans la mesure où Néfernéferouaton est un qualificatif qu'elle porte souvent durant le règne d'Akhenaton. C'est Néfertiti qu'il faudrait peut-être aussi reconnaître dans cette reine d'Égypte qui, ne supportant plus d'être veuve, implore le roi des Hittites Shouppiloulioulma de lui donner un de ses fils pour époux. Mais d'autres préfèrent l'identifier à sa fille Ankhesenpaiton, l'épouse de Toutankhamon.

### Le mystère de sa mort

On ne sait rien de sûr concernant la mort et l'inhumation de Néfertiti. Récemment, les médias ont bruyamment rapporté que sa momie aurait été retrouvée. En fait, il s'agit seulement d'une thèse selon laquelle une des momies anonymes recueillies dans la tombe d'Amenhotep II, transformée en cachette, et connues depuis 1898, serait celle de Néfertiti. Cette thèse n'est pas en soi absurde mais, jusqu'à présent, elle peine à convaincre les spécialistes.

À lui seul, ce curriculum chargé avait déjà de quoi assurer la célébrité de Néfertiti. Mais si, par-delà, elle est devenue un véritable mythe dans notre imaginaire, c'est que s'y ajoute sa beauté, à tout le moins la beauté qui émane de certaines de ses statues et plus particulièrement du fameux buste de Berlin, où elle porte une coiffe bleue. L'artiste est parvenu à arracher l'œuvre à son époque pour la transfigurer en une célébration intemporelle et transculturelle de la féminité.

## NÉFERTARY

Si Néfertary est la plus célèbre parmi les très

nombreuses épouses de Ramsès II, elle le doit moins aux statues et aux scènes rituelles où elle est mise en scène, moins à son temple d'Abou-Simbel, jouxtant celui de son époux, qu'à sa tombe de la Vallée des Reines. La fraîcheur des peintures, restaurées il y a quelques années, la place parmi les plus grands chefs-d'œuvre de la civilisation pharaonique.

## NITOCRIS

Forme hellénisée du nom égyptien Neitiqert, « Neith est excellente ». Deux femmes ayant porté ce nom se distinguent particulièrement :

- **Nitocris I** (vers 2140 avant J.-C.) se hissa à la fonction de pharaon sans doute à l'occasion de troubles de succession à la fin du très long règne de Pépy II de la VIe dynastie. Les rares informations disponibles à son sujet proviennent de la tradition gréco-romaine : de carnation claire, elle aurait tué les assassins de son frère et se serait suicidée.
- **Nitocris II** (vers 600 avant J.-C.), fille de Psammétique I, promue « divine adoratrice d'Amon » par son père quand il consolida son contrôle sur l'Égypte.

## TIYI

Fille du commandant de la charrerie Iouya et d'une prêtresse de Min Touya, elle épousa Amenhotep III, neuvième pharaon de la XVIIIe dynastie, dont le règne marque sans doute l'apogée de la prospérité égyptienne. Elle tira grand profit d'une évolution sensible qui tendait à accroître la place de la reine dans les manifestations officielles de la monarchie pharaonique, dans leurs expressions monumentales iconographiques et phraséologiques, et aussi, sans doute, dans la réalité du pouvoir.

De fait non seulement Tiyi parvint à se faire représenter sur nombre de monuments, parfois en tant qu'officiant unique du rite, et même sous forme de sphinx ailé tenant à bout de bras un cartouche d'Amenhotep III ou bien massacrant les ennemis, mais encore, dans une lettre, un roi de Mitanni (Syrie) évoque la compétence et la sagesse de la reine en matière de relations internationales. Assurément son époux l'appréciait lui aussi car il ne ménagea pas ses témoignages d'affection. Il fit bâtir en Nubie à Sedeinga un temple pour célébrer son couple, et creuser un vaste bassin d'irrigation dans la province natale de la reine ; une émission spéciale de scarabées commémora l'événement.

Tiyi survécut à Amenhotep III et sut s'adapter aux innovations politico-religieuses de leur fils Amenhotep IV/ Akhenaton. Celui-ci l'honora dans sa nouvelle capitale, l'« Horizon du disque », en lui accordant un « temple d'ombre ». Il la fit enterrer dans la tombe qu'il avait prévue pour lui vers l'an 14 de son règne. Les restes de cette sépulture, après sa mise à sac à la fin du schisme, furent transférés à Thèbes et déposés dans la Vallée des Rois, en partie dans la tombe d'Amenhotep III, et en partie dans une réserve scellée par Toutankhamon, avec le sarcophage d'Akhenaton.

Mais sa momie n'a pas été identifiée avec certitude ; est-ce celle trouvée dans cette réserve ? N'est-ce pas plutôt l'*elder lady*, appellation désignant une de celles transportées dans la tombe d'Amenhotep II, quand elle fut transformée en cachette ? Une mèche de cheveux, appartenant à Tiyi et enclose dans un assemblage de quatre cercueils miniatures, avait été placée dans la tombe de Toutankhamon.

Deuxième partie

# LA RELIGION ÉGYPTIENNE

## Les dieux et déesses

### AMON

Pendant l'Ancien Empire, Amon n'est qu'un des dieux de la province de Ouaset (Thèbes pour les Grecs) dans le Sud profond. S'il a été promu parmi les divinités majeures, c'est qu'à deux reprises, cette province a joué un rôle déterminant dans l'histoire égyptienne. D'abord, une lignée locale de potentats met fin à la première période intermédiaire en triomphant de leurs adversaires du Nord et en réunifiant l'Égypte (vers 2022 avant J.-C.). Thèbes devient la capitale, puis la ville d'élection sous leurs successeurs, tandis qu'Amon s'y impose comme la principale divinité, ses temples bénéficiant donc d'importants avantages.

Quatre siècles plus tard, c'est alors une dynastie thébaine qui chasse les occupants Hyksôs et fonde le Nouvel Empire (vers 1539 avant J.-C.). Là encore, Amon en tire bénéfice en tant que dieu national. Les souverains de la XVIIIe dynastie consacrent à l'embellissement de ses temples, en particulier Louqsor et Karnak, et au fonctionnement de ses cultes la majeure partie des énormes ressources en biens et en hommes que leur assurent l'assujettissement de la Nubie et l'hégémonie égyptienne en Syro-Palestine. En contrôlant son immense domaine, son clergé, et surtout ses chefs, les premiers prophètes d'Amon, s'imposent comme une très importante force politique, au point d'inquiéter parfois les pharaons.

## Le culte d'Aton

L'un d'eux, Aménhotep IV, devenu Akhenaton, forge une doctrine d'après laquelle la divinité du soleil est tout entière contenue dans la lumière du disque solaire. Elle implique la persécution d'Amon, dont le nom signifie « le caché », et qui représente, au contraire, l'idée que la véritable essence divine du soleil demeure inaccessible, par-delà ses manifestations visibles. Mais ce schisme dure peu, moins de quinze ans, et à la mort d'Akhenaton s'opère un retour à l'orthodoxie.

On rétablit le nom d'Amon, là où il avait été arasé, et il redevient un des grands dieux nationaux, bénéficiaire du plus opulent des domaines et desservi par le plus puissant des clergés. Bien plus, sous la XXI$^{e}$ dynastie, au début du premier millénaire avant J.-C., ce clergé finit par imposer le concept de théocratie. Amon, plus précisément appelé Amon-Rê-sonther, c'est-à-dire « Amon-Rê, roi des dieux », est censé désormais régner directement sur terre, exerçant son pouvoir à travers ses oracles qui sont autant de directives dictant sa politique au pharaon. Son culte se répand dans le delta, en particulier à Tanis, ville conçue comme la réplique septentrionale de Thèbes. Mais aussi dans le Sud, en suivant le chapelet de temples érigés à travers la Nubie jusqu'à Napata, la capitale du pays de Koush. Les dynastes koushites, qui s'affranchirent du joug égyptien pendant les temps obscurs de la troisième période intermédiaire, continuèrent à le vénérer.

## Le culte d'Amon

Amon est un dieu représentant la puissance divine qui demeure dissimulée derrière le cycle du soleil ; d'où son appellation fréquente d'Amon-Rê. Sous sa forme majeure, celle qui prédomine dans le temple de Karnak, Amon est représenté comme un homme coiffé du mortier aux deux hautes plumes. Mais par ailleurs, en particulier dans le temple de Louqsor, sous l'appellation d'Amenemope, « Amon dans Ope [Louqsor] », il a la même apparence que le dieu Min, c'est-à-dire qu'il tient d'une main son phallus en érection (il est dit « ithyphallique », tandis que de l'autre il brandit un fléau. Tardivement sa statue, quand elle sortait en procession solennelle, était recouverte d'un voile, d'où le terme « forme aniconique [sans image] d'Amon ». Amon avait deux animaux de prédilection : le bélier à cornes en spirale et l'oie du Nil.

## ANUBIS

Anubis, ou, plus correctement mais moins fréquemment, Anoubis dans la tradition égyptologique française, est un dieu canidé noir, dont l'image recouvre tout à la fois le chien errant, le chacal et le renard. Ces trois animaux avaient en commun d'avoir parfois un comportement charognard qui les amenait à parcourir les nécropoles pour déterrer les restes humains et dévorer les chairs subsistantes. Les anciens Égyptiens avaient vu là le prototype symbolique de la momification, puisqu'en consommant les parties putrescibles, les canidés agissaient comme l'embaumeur dont les techniques visaient à séparer le putrescible de l'imputrescible dans le cadavre à momifier. Anubis était donc fondamentalement le spécialiste de l'embaumement, sa noirceur était une indication conventionnelle dénotant l'activité funéraire. Par extension, il devint un des garants de la survie, guidant le défunt dans son arrivée au royaume des morts, en particulier dans la célèbre scène de la pesée du cœur (ou « psychostasie ») ; d'où l'épithète de « psychopompe », « celui qui guide l'âme ».

Il était représenté le plus souvent comme un canidé couché, attitude riche de potentialités symboliques. En effet, le support sur lequel l'animal est couché peut être considéré comme un édifice ou encore comme un coffre renfermant des objets mystérieux, porteurs de pouvoirs spéciaux, par exemple les quatre vases canopes contenant les viscères du défunt. Le sceau de la nécropole apposé sur les tombes représente un canidé couché sur neuf prisonniers. Anubis était le dieu principal de Harday en Moyenne-Égypte, appelée de manière significative Cynopolis ou « Ville du chien » par les Grecs. Il était adoré aussi près de Gébélein entre Louqsor et Assouan, à Abydos, à Siout, à Philadelphie, au Fayoum et à Memphis, dans l'Anoubéion autour duquel opérait la foule des embaumeurs.

## APIS

Divinité taureau de Memphis, Apis est conçu comme le « héraut » de Ptah et incarné par un animal vivant. Cet animal était choisi en fonction de traits particuliers qui étaient les marques de l'élection divine. Il passait une vie agréable, choyé par les prêtres et les fidèles. Sa divinisation remontait jusqu'à sa mère qui, elle aussi, avait droit à un enclos particulier et à un entretien soigné.

Les funérailles du taureau Apis constituaient un événement d'importance nationale, à la Basse Époque. Les dévots qui participaient aux cérémonies n'hésitaient pas à jeûner longuement en signe de deuil. Après avoir été momifié selon des rituels funéraires extrêmement élaborés, il était enterré dans le Serapeum de Saqqara, les catacombes découvertes par Auguste Mariette.

## APOPHIS

Figuré comme un serpent gigantesque, il représente le non-être, qui s'efforce sans cesse d'annihiler la création. Il s'en prend avant tout à la marche du soleil, élément fondamental, en attaquant avec obstination la barque du dieu solaire, d'où il est écarté par Seth ou un autre auxiliaire.

## ATON

Nom signifiant le « disque ». Akhenaton en fit le dieu unique et exclusif de son hérésie, selon laquelle la divinité du soleil était tout entière contenue dans la lumière qu'il irradiait, loin que son essence en demeurât inaccessible en dernière instance, comme le signifie le dieu Amon. Aton est représenté comme un globe dont les rayons se terminent par des mains tenant le signe de vie.

## ATOUM

Dieu solaire créateur du monde, surgi des flots primordiaux. Son nom est formé sur un verbe qui signifie « être au complet ». Il est souvent nommé Rê-Atoum, pour souligner son caractère solaire. Il est aussi le soleil couchant, parce que la puissance créatrice doit être plus particulièrement mobilisée au cours de sa phase descendante, afin de pouvoir surmonter l'épreuve de la nuit. Il est représenté généralement sous forme humaine. À la Basse Époque, on lui attribue l'anguille comme animal sacré. C'est à Héliopolis que fut élaborée la cosmogonie qui lui donne le beau rôle. Mais il avait un autre lieu de culte important dans le delta oriental dans la ville de Pithom, « la demeure d'Atoum ».

## BASTET

Déesse chatte, qui avait un culte à Memphis

et un autre dans le delta oriental, dans la ville de Boubastis, forme hellénisée du toponyme égyptien « la demeure de Bastet ». Elle symbolise l'apaisement, grâce aux rites, de la furie destructrice de la lionne Sekhmet. Récemment, des galeries emplies de momies de chat ont été découvertes dans un de ses sanctuaires à Saqqara.

## BÈS

Génie gnome aux jambes torses, brandissant des couteaux et des sceptres hérissés de serpents. Sa tête grimaçante, vue de face dans les représentations en deux dimensions, ce qui est exceptionnel, est couverte d'une crinière de lion et parfois surmontée de têtes d'animaux. Cette épouvantable apparence vise à faire fuir les mauvais esprits, Bès étant le protecteur des enfants, des femmes en couches et des dormeurs.

## ENNÉADE

Ensemble des neuf premières divinités selon la cosmogonie d'Héliopolis : Atoum, puis Shou et Tefnout, puis Geb et Nout, puis Osiris, Isis, Sethet Nephtys.

## GEB

Dieu de la terre. Forme avec son épouse, la déesse du ciel Nout, la troisième génération de l'ennéade.

## HÂPY

La divinité nommée Hâpy représente moins le Nil lui-même, en tant que fleuve, que sa crue annuelle. Elle a l'aspect d'un androgyne, au ventre plus que replet et aux seins retombants, souvent chargé de végétaux, de poissons et d'oiseaux pour indiquer sa fécondité.

Pour les anciens Égyptiens, la crue annuelle, qui se manifestait par l'inondation d'une grande partie de la vallée, était une résurgence du Noun, l'océan primordial qui entourait la création et y pénétrait en raison de sa porosité.

## HATHOR

Déesse vache représentant originellement l'espace où prend place l'astre solaire ; son nom signifie, en effet, « château d'Horus ». En cela, elle est probablement l'aboutissement dans les cultures protodynastiques de la vallée du Nil d'un très ancien thème symbolique, le disque solaire entre les cornes d'une vache, répandu du Nil jusqu'au Sahara. On lui prête quatre visages, chacun orienté vers un des points cardinaux ; ce sont souvent des visages humains, mais à oreilles de bovin.

Dans la mesure où son animal d'élection est le producteur du lait, aliment régénérateur et fortifiant par excellence, Hathor est la déesse de la maternité, et, en remontant l'enchaînement des causalités, la déesse de l'amour. C'est elle qui, sous l'épithète de « la dorée », suscite selon son caprice l'amour entre les jeunes gens. Les Grecs l'identifièrent à Aphrodite. C'est aussi la déesse des festivités, des réjouissances et de l'ivresse. Au Nouvel Empire, Hathor, en tant que vache sortant de la montagne pour pénétrer les fourrés de papyrus, devint une déesse funéraire symbolisant la plénitude de la survie au débouché de la désolation apparente de la mort biologique. Un temple ptolémaïque, de nos jours presque intact, lui fut spécialement consacré à Deir el-Médina, à côté du village des ouvriers chargés des tombes royales. Parmi ses nombreux autres lieux de culte, Memphis, en tant que « maîtresse du sycomore », et Dendara, où son temple est dans un remarquable état de conservation.

## HORUS

Dieu faucon, dont le nom signifie « celui qui est au-dessus » ou « celui qui est éloigné ». Le très complexe réseau de valorisations religieuses qui se tisse autour d'Horus procède fondamentalement des qualités cardinales prêtées à l'oiseau. Son acuité visuelle, d'abord, particulièrement développée comme pour la plupart des rapaces, est à l'origine de la figure mythique de l'œil d'Horus, ou « œil-oudjat ».

Au cours d'un combat, Seth endommage l'œil d'Horus, lequel lui arrache ses testicules. Heureusement, Thot est là qui répare les dommages que se sont infligés mutuellement les deux furieux. L'œil est remis en état d'où son nom qui signifie « intact ». Il s'agit là originellement d'un mythe rendant compte du cycle lunaire en expliquant ses différentes phases : pleine lune, disparition, nouvelle lune, et retour par quartiers à la pleine lune.

Pour rattraper ses proies, le faucon monte très haut dans le ciel, jusqu'à 1 500 m d'altitude. De là, Horus symbolise la supériorité hiérarchique, et, dès la période protohistorique, la composante divine du pouvoir humain exercé par le chef des royaumes constitués avant l'unification. Par la suite, l'idéologie perpétua, à travers la figure d'Horus, l'expression de la suprématie inscrite au cœur même de la fonction pharaonique. Le « faucon », ou « Horus » demeure une désignation habituelle du pharaon, particulièrement dans ses actes de souveraineté.

Deux des cinq noms de sa titulature évoquent le dieu, et l'un des deux, le « nom d'Horus » est le premier énoncé dans l'apparat officiel, celui qui suit immédiatement la date, dans la formulation : « L'an X, le mois Y, le jour Z, sous la majesté de l'Horus Untel... » La statuaire le représente à l'occasion comme un enfant accroupi aux pattes de l'oiseau, auquel on a donné des proportions gigantesques. Parfois même, le pharaon a le devant d'un être humain, mais le dos d'un faucon avec les deux ailes et la queue.

Le faucon mène si haut son ascension céleste dans son vol conquérant qu'à vouloir le suivre, on se retrouve ébloui. Aussi Horus était reçu comme un dieu du soleil, plus particulièrement attaché à la phase diurne et à la phase zénithale de l'astre. Des appellations « syncrétistes » furent forgées pour expliciter ce rôle : Horus-Rê-Harakhty (forme grecque Harakhtès), c'est-à-dire « Horus qui est à horizon », avec la réinterprétation potentielle en tant que « Horus des deux horizons », c'est-à-dire des extrémités opposées du parcours céleste du soleil ; Rê-Harakhty ; Horemakhet (forme grecque Harmachis), « Horus dans l'horizon ». Le lien entre Horus et le soleil est si étroit que c'est à travers l'image hiéracocéphale « à tête de faucon » de Rê-Harakhty qu'Aménophis IV commencera de proclamer la puissance de l'astre solaire Aton, avant de se raidir dans l'obsession ascétique et sectaire du globe rayonnant. Horus peut aussi conjuguer en sa personne l'association du soleil à la lune sous les formes de Horus-Khentyirty à Létopolis et de Horus-Merty à Pharbaïtos.

Parallèlement, et de manière autonome, même si se produisent d'inévitables recoupements, Horus entre dans une thématique différente, mais fort riche, celle du dieu fils. Il y symbolise plus particulièrement le principe dynamique selon lequel il y a dans l'état d'infériorité du jeune âge les potentialités d'une supériorité à venir. En effet, dans le très prégnant mythe d'Osiris, Horus est son fils posthume, conçu par Isis sur son cadavre, et appelé à assurer sa succession après l'avoir vengé en châtiant son meurtrier, Seth. Plusieurs formes divines se sont cristallisées à partir de ce mythe, qui se répartissent en deux sous-types.

Premier sous-type, le dieu enfant, sous les noms Harsièsis, « Horus, fils d'Isis », et surtout Harpocrate, « Horus l'enfant » ; il représente plus particulièrement l'espoir de surmonter la mort à travers un rejeton.

Second sous-type, le dieu successeur, sous les noms Harendotès, forme hellénisée de Hornedjitef, « Horus qui venge son père », et surtout Horsmataouy (sous sa forme grecque, Harsomtous), c'est-à-dire « Horus qui réunit les deux pays ». Ce dernier fait la synthèse entre l'Horus du mythe osirien et l'Horus divinité de la monarchie, en incarnant le fils qui prend la succession de son père en réaffirmant la souveraineté que ce dernier avait établie sur la Haute et la Basse-Égypte. La traque que mena Seth pour retrouver Horus quand il était un enfant sans défense, et l'interminable querelle qui l'opposa à lui, devenu un vigoureux jeune homme, ont fourni les prétextes à d'innombrables développements mythologiques. Les cultes d'Horus sont disséminés sur toute l'Égypte. Outre les villes où il était adoré depuis les origines de la civilisation pharaonique comme Edfou et Nekhen, ils se sont multipliés avec la réinterprétation de divinités locales comme à Athribis avec Horus-Khentyikhéty ou encore au

Fayoum avec Horus « qui réside à Shedet ».

## ISIAQUES

Le terme, forgé sur le nom d'Isis, désigne des cultes répandus dans tout le monde romain, et qui sont des surgeons abâtardis, dénaturés et frelatés de la religion égyptienne. Leur importance ne saurait être sous-estimée. Rome possédait son temple d'Isis, édifié par Caligula. La découverte de vestiges isiaques au cours des fouilles de Pompéi au XVIIIe siècle contribua à la popularisation de l'Égypte ancienne dans la culture occidentale.

## ISIS

Fille de Geb et de Nout, Isis forme avec Osiris, son frère et époux, et avec Seth et Nephtys, la troisième génération de l'ennéade que le dieu solaire créateur Atoum a fait advenir, quand il mit en place le monde. Elle est la déesse du ciel. Mais son immense popularité, qui s'est perpétuée au-delà de l'Égypte dans les cultes dits « isiaques », elle la doit aux deux rôles qu'elle assume dans le mythe d'Osiris. Tout d'abord, le rôle d'épouse modèle. Après la mort de son époux, elle mène une longue quête pour retrouver les différentes parties du corps de son mari, que son assassin avait dispersées sur tout le territoire. Quand elle fut parvenue à les collecter toutes, elle reconstitua le puzzle pour redonner au cadavre son intégrité. Elle lui donna alors les soins funéraires requis, en particulier en se répandant en lamentations et déplorations, assistée par sa sœur Nephthys ; car il appartenait à une bonne épouse de faire la pleureuse. Mais surtout, elle conçut un fils sur le cadavre ainsi recomposé, en se posant sur lui sous la forme d'un milan.

Ce fils posthume était le jeune Horus. Une fois qu'elle l'eut mis au monde, elle assuma alors avec grande conscience le rôle de mère aimante et protectrice. Il lui fallut d'abord cacher le nouveau-né dans les fourrés de Chemmis, dans les marais des lacs bordant le littoral de la Basse-Égypte. Lourde tâche car, outre Seth, mille dangers le menaçaient, entre autres les scorpions et d'autres animaux malfaisants. Heureusement, Isis maîtrisait la magie, – le dieu Rê l'avait appris à ses dépens en une autre circonstance – et sa compétence en la matière se révéla déterminante. Par ses ruses et ses conseils, elle contribua sensiblement au triomphe laborieux, mais indiscutable d'Horus devenu un vigoureux jeune homme, qui châtia Seth et récupéra la fonction de son père Osiris.

## KHÉPRI

Dieu scarabée, représentant le soleil levant, première forme prise par le créateur à la naissance du monde. Son nom signifie « celui a réalisé l'acte de prendre forme ».

## KHNOUM

Dieu représenté comme un bélier de l'ancienne race (à cornes horizontales). Il avait de nombreux lieux de culte en Moyenne-Égypte, à Hypsélis et sur la rive orientale à Herour, à l'emplacement de l'Antinoé romaine, et, en Haute-Égypte, à Esna et surtout à Éléphantine, près de la première cataracte. Maître des eaux, il est aussi un dieu créateur qui modèle l'œuf primordial et les êtres, pharaon compris, sur son tour de potier et les anime par un souffle de sa bouche.

## KHONSOU

Originellement un dieu lunaire, son nom, « celui qui traverse », faisant allusion au parcours de la lune dans le ciel. Il est très enclin à se déchaîner violemment. Au Nouvel Empire, il est intégré comme dieu fils d'Amon et de Mout dans la triade thébaine. Dans l'enceinte de Karnak, au sud, son temple est encore bien conservé. Il y recevait un culte entre autres sous le nom de Khonsou à Thèbes-néferhotep, néferhotep signifiant « celui dont l'apaisement est bon ». Il y était le plus souvent représenté comme un enfant coiffé du disque lunaire.

## MAÂT

Représentée comme une femme coiffée d'une plume d'autruche, Maât, fille du créateur, est la personnification d'un principe cardinal de la pensée égyptienne, l'ordre qui organise les éléments de la création dans une solidarité harmonieuse propre à assurer son fonctionnement. Ordre cosmique, d'abord, réglant la marche du soleil et des astres et les cycles naturels. Ordre terrestre, ensuite, avec l'Égypte, au centre des peuples, où le pharaon, vicaire du créateur, assure la marche de la société humaine à travers les institutions et les hiérarchies mises en place. Ordre éthique enfin, – justice et équité, si on veut – qui définit les règles de conduite, les devoirs et les interdits qui s'imposent à chaque individu dans sa vie sociale et intime. La maât se manifeste aussi bien à travers le soleil qui se lève de nouveau le matin après avoir triomphé des forces de l'indifférenciation incarnées par Apophis durant sa traversée des espaces nocturnes, à travers la lune qui retrouve sa plénitude après des phases d'apparition partielle, comme l'œil d'Horus morcelé par Seth, puis reconstitué par Thot, à travers le pharaon qui repousse les peuplades étrangères hors des frontières de l'Égypte et assure le bon fonctionnement de l'État, à travers le magistrat qui se conforme aux devoirs de sa charge, et, enfin, à travers le particulier qui a eu soin de donner du pain à l'affamé, de l'eau à l'assoiffé et de protéger le faible et le pauvre. Car tout se tient : il y a entre l'ordre cosmique, l'ordre terrestre et l'ordre éthique une homologie qui n'est pas seulement formelle mais aussi consubstantielle parce que chacun d'eux illustre un aspect de la création quand elle est en bonne marche.

L'offrande par excellence faite aux dieux par le pharaon est précisément l'offrande de la maât, souvent reproduite sur les parois des temples. Ayant reçu d'eux la vie et les principes dynamiques de la création, il les leur rend en quelque sorte après les avoir mis en une forme pertinente et adéquate, celle de l'ordre terrestre et de l'ordre éthique qu'il assure pour eux.

## MIN

Dieu de la fécondité, représenté enserré dans un maillot collant, un bras levé brandissant un fléau, tandis que l'autre main tient son phallus en érection. C'est évidemment un dieu de la fécondité. Ses cultes principaux se situent au cœur de la Haute-Égypte, à Akhmîm, appelée Panopolis par les Grecs parce que Min était identifié au dieu Pan, et à Coptos, ville d'où partaient les expéditions vers le désert arabique et la mer Rouge. À cause de cela, Min était le patron des contrées désertiques.

## MONTOU

Dieu faucon, recevant des cultes dans la région thébaine, à Tôd, Médamoud, Erment, et aussi à Thèbes, où il a été quelque peu relégué à une place secondaire par Amon. Il n'en avait pas moins son sanctuaire à Karnak, au nord du temple d'Amon. Montou est devenu parallèlement une divinité nationale en tant que dieu de la guerre.

## NEITH

Déesse adorée à Saïs, dans le delta et à Esna en Haute-Égypte. Elle avait pour armoiries deux flèches croisées anciennement associées à des coléoptères apparentés aux taupins. Neith fait fonction de protodémiurge en tant que vache nageant dans l'océan primordial et portant le créateur solaire. Elle avait comme animal sacré le poisson lates, une sorte de perche.

## NEKHEBET

Déesse vautour adorée en Haute-Égypte dans la ville d'El-Kab, en face de Hiérakonpolis, une autre ville importante dont le dieu était Horus. À la fin de la période prédynastique, El-Kâb fut la capitale d'un royaume. D'où, à l'époque pharaonique, le rôle de Nekhebet comme déesse tutélaire de la monarchie, représentant la Haute-Égypte dans son union avec la Basse-Égypte, représentée par Ouadjyt.

## NEPHTHYS

Fille de Geb et de Nout, elle constitue avec Osiris, Isis et Seth, la dernière génération de l'ennéade d'Héliopolis. Sa popularité provient de son étroite association avec Isis dans la déploration d'Osiris et les soins apportés à son cadavre.

## NOUT

Déesse du ciel, représentée comme une femme courbée au-dessus de son époux Geb, dieu de la terre. Forme avec lui la troisième génération de l'ennéade.

## OGDOADE

Collège de huit divinités, serpents et grenouilles, qui ont aidé le démiurge à créer le monde selon la doctrine d'Hermopolis.

## ONOURIS

Forme hellénisée du nom égyptien Inheret, « celui qui va chercher la lointaine ». C'est une allusion au rôle du dieu dans le mythe de l'œil solaire, où il s'était efforcé de ramener en Égypte la déesse de l'œil solaire qui s'était enfuie en Nubie. Onouris avait deux lieux de culte principaux : This, en Moyenne-Égypte, et Sébennytos, en Basse-Égypte.

## OSIRIS

Osiris représente fondamentalement le prin-

cipe de renaissance qui anime la création dans la pensée égyptienne, et qui permet de recommencer un nouveau cycle après achèvement par la mort de sa phase ultime de décroissance. Ce principe se manifeste dans les plantes où le flétrissement prélude à une renaissance grâce une nouvelle germination ; Osiris est donc le dieu de la végétation. Le Nil, après une période d'étiage qui fait baisser son lit et apparaître des bancs de sable, voit son flot se gonfler et retrouver force et abondance sous l'effet de la crue venue du sud ; Osiris est donc aussi le dieu de l'inondation régénératrice, qu'il alimente par les humeurs issues de la décomposition de son corps. Il est aussi le dieu de la lune, puisqu'à la lune décroissante succède une nouvelle lune, et même un dieu du soleil pendant sa phase nocturne, puisque cette disparition passagère conduit à un nouveau lever. Enfin, et surtout, Osiris est le dieu de la possibilité laissée aux hommes de survivre après la mort.
Ce rôle est exprimé par le célèbre mythe suivant, qui a connu de nombreuses variantes.

## Le mythe

Osiris était un roi puissant et aimé. Jaloux de lui, son frère

Seth l'assassina, découpa son corps en morceaux et les jeta au Nil. Les flots les dispersèrent en les faisant échouer un par un sur les berges des provinces qu'ils traversaient. Isis, l'épouse d'Osiris, partit à leur recherche, les collecta patiemment et recomposa le puzzle macabre jusqu'à reconstituer le cadavre de son époux. Lequel avait conservé ses capacités génésiques. Isis les mit à profit pour concevoir sur lui un fils posthume, Horus. Elle dut d'abord le cacher dans les fourrés impénétrables des marais de Chemmis pour échapper aux recherches de Seth, que ce rejeton inquiétait. Il avait bien raison d'être inquiet. Devenu un jeune homme vigoureux, Horus parvint à venger son père en châtiant Seth et à reprendre sa succession, en tant qu'Osiris re-né.

Derrière ce mythe, un concept fondamental de la pensée égyptienne : la mort n'est qu'une phase inévitable du cycle biologique et conduit à la renaissance, pourvu, bien sûr, que soient prises les précautions nécessaires. Par là, Osiris est le dieu des morts, qui gouverne les royaumes souterrains où séjournent les défunts qui y ont été acceptés, après l'épreuve du jugement des morts qu'il préside. La vogue de ce mythe, déjà grande auparavant, s'accrut particulièrement à partir du premier millénaire avant J.-C., et Osiris devint la plus populaire des divinités égyptiennes. Auparavant, son culte était surtout l'apanage de quelques villes comme Abydos, où il avait supplanté Khenty-imentyou, comme Busiris, où il avait supplanté Ândjty, et comme Memphis, où il avait été assimilé à Ptah-Sokar. Désormais, il fut célébré dans chaque grande ville d'Égypte, dans des sanctuaires spécialement dédiés, parallèlement aux cultes originels et à travers des rituels relativement autonomes. Par exemple, sur le toit du temple de Dendara, par ailleurs fondamentalement consacré à la déesse Hathor, on ménagea des chapelles spécifiquement osiriennes. Parmi les nombreuses pratiques du culte osirien, voici celle de l'Osiris végétant : on remplit de terre semée d'orge un moule dont la forme évoque la silhouette du dieu. Après arrosage, le grain germe puis pousse pour ainsi dire de son corps même suggérant ainsi les potentialités de renaissance qu'il symbolise.

## OUPOUAOUT

Ce nom, hellénisé sous la forme *Ophois,* signifie « Celui qui ouvre le chemin ». Il désigne originellement une enseigne représentant un canidé (chien, renard ou chacal), et qui était brandie en tête d'un détachement en marche. Oupouaout, mobilisé au service d'Osiris, présenté comme son fils, mène ainsi les processions célébrant le dieu dans les cérémonies d'Abydos. Oupouaout était le dieu principal de Siout en Moyenne-Égypte, et de sa nécropole Raqerret.

## PHÉNIX

Le terme même de « phénix » vient du mot égyptien *boinou.* Le phénix est fondamentalement un héron. Sa vénération procède de son vol pondéreux et majestueux et de ses mœurs migratrices. La théologie d'Héliopolis en fit une manifestation du dieu solaire venu de loin, puis une manifestation d'Osiris après son embaumement. Dans l'antiquité classique en général, le phénix symbolise le recommencement d'un cycle périodique, ce qui s'enracine indiscutablement dans la symbolique pharaonique. Toutefois, on n'a pas encore retrouvé d'antécédent égyptien précis au mythe classique selon lequel le phénix renaît de ses cendres.

## PTAH

Ptah est représenté sous une forme humaine, barbu, coiffé d'une calotte et enveloppé dans un suaire collant d'où émergent ses deux bras pour tenir un sceptre. À l'origine, il était le dieu des artisans et des activités industrieuses, particulièrement concentrées à Memphis, son principal lieu de culte. Cette fonction a été transposée dans une tradition cosmogonique telle que la rapporte un document appelé « pierre de la théologie memphite ». Selon cette tradition, Ptah a créé le monde en en concevant l'idée, puis en réalisant cette idée par sa formulation orale ; Atoum et l'ennéade procèdent donc de lui. En tant que dieu créateur, Ptah, très souvent sous la forme Ptah-tatenen, par assimilation à un dieu de la terre à l'origine du monde, est garant de la royauté. Par ailleurs, il a très tôt été identifié à Sokar, un dieu funéraire de la région memphite, et, par là même, à Osiris sous la forme syncrétiste Ptah-Sokar-Osiris.

Avec le développement de Memphis au Nouvel Empire, Ptah devint un des grands dieux nationaux et son culte prit de l'ampleur. On lui édifia un temple à l'intérieur de la grande enceinte de Karnak, des sanctuaires en face, sur la rive occidentale de Thèbes, et aussi dans la ville sainte d'Abydos.

## RÂ (ou RÊ)

Ce nom signifie « soleil » en copte, et le hiéroglyphe qui l'écrit est utilisé aussi pour le mot « jour » et comme déterminatif des notions de division du temps. Il désigne le dieu solaire dont le culte majeur était à Héliopolis. Pour souligner la fonction solaire de nombreuses divinités, on unit leur nom à celui de Rê dans des composés syncrétistes comme Amon-Rê, Horus-Rê, Khnoum-Rê, Montou-Rê, Rê-Atoum, Shou-Rê, Sobek-rê, etc.

## SEKHMET

Le nom de Sekhmet, forme hellénisée de Sakhmis, signifie « la puissante » et désigne une déesse lionne. Elle représente l'irrésistible furie destructrice que l'animal déploie. Cette irrésistible furie, le dieu solaire créateur la mobilisa à son service pour châtier la révolte des hommes, au temps où il régnait directement sur terre. Sekhmet y mit tant de cœur que le dieu solaire, épouvanté par tant de férocité, dut recourir à la ruse de Thot pour la calmer. Dégoûté du monde terrestre, le dieu mit à sa place le pharaon pour le gouverner, en chargeant Sekhmet de prêter sa puissance destructrice à son uræus ou à ses couronnes, et de l'aider à faire un carnage des peuplades ennemies. Parallèlement, Sekhmet demeure le nervi du créateur lorsqu'il s'attelle à la très lourde charge de punir les mauvaises actions des simples mortels. Elles sont inventoriées sur un registre ; leurs punitions incombent à Sekhmet, qui les répartit entre ses nombreux sicaires, les « massacreurs », porteurs de miasmes, de peste et de maladies, en fonction du calendrier. À chaque jour donc, un châtiment. Cela posé, Sekhmet se déchaîne surtout aux moments de transition, singulièrement pendant les cinq jours « épagomènes » qui marquent le passage d'une année à l'autre. D'où ces centaines de statues dressées par Amenhotep III, et représentant pour chaque jour de l'année deux formes de la déesse. C'était une déesse majeure de Memphis, mais elle avait par ailleurs des cultes en d'autres lieux, particulièrement au débouché des ouâdis où les lions venaient tendre des embuscades à leurs proies.

## SETH

Ce dieu est habituellement figuré sous la forme d'un animal étrange. Il est représenté avec un corps de canidé à la queue dressée terminée par une touffe de poils, avec, sur un très long cou, une tête extraordinaire : un long museau effilé qui se recourbe et de longues oreilles aux extrémités taillées à angles droits. Cette tête fantastique procède de la déformation et de la stylisation d'un animal réel : parmi de nombreuses hypothèses, celle d'un canidé, d'un suidé ou d'une girafe.

Dans la pensée religieuse, il représente la perturbation et la violence brutale, plus généralement le désordre inhérent au monde et nécessaire à l'enchaînement des cycles qui en règlent la bonne marche, à distinguer soigneusement du non-être, représenté par Apophis. Au demeurant, grâce à sa force, il écarte celui-ci de la barque solaire, chaque fois qu'il tente de l'engloutir. Seth avait des cultes à proximité des pistes du désert, dont il incarne la vastitude et l'aridité, inquiétantes pour un peuple de paysans : en Haute-Égypte dans la ville d'Ombos, en Moyenne-Égypte, au débouché des pistes menant aux oasis, et dans le delta oriental, à Avaris, à l'orée des déserts et de l'Asie.

Dans un combat sans cesse réitéré, il endommage l'œil d'Horus, lequel lui arrache ses testicules. Ce mythe rend compte du cycle de la lune qui passe périodiquement de l'invisible au visible, la phase décroissante étant due à la part de désordre inhérente à la création, la phase croissante à la neutralisation de ce désordre.

Seth joue aussi le méchant dans le mythe d'Osiris. Non seulement il assassine ce dieu, qui est pourtant son frère, mais encore il persécute avec acharnement Horus, fils posthume de ce dernier, par crainte qu'il ne revendique sa fonction. Il lui en fait voir de toutes les couleurs, jusqu'à l'entraîner dans une relation homosexuelle. Mais en fin de compte, il sera vaincu par lui.

Malgré ces rôles peu sympathiques, Seth demeura longtemps une divinité de dimension nationale aux côtés d'Amon, Phrê et Ptah. Deux pharaons portèrent même le nom de Sethy, formé sur le sien, parce qu'ils étaient originaires d'une région où il avait un culte. Mais à partir de la troisième période intermédiaire, son destin changea avec l'engouement général pour le mythe d'Osiris. On le cantonna systématiquement dans l'incarnation du mal sous toutes ses formes, entre autres sous la forme des envahisseurs étrangers, Perses en tête. Assumant désormais le statut du démon, il incarna haines, détestations, exécrations. Son nom fut arasé, le hiéroglyphe représentant son animal fut percé de flèches et de couteaux, ses représentations furent arasées, ses cultes bannis ou passés sous silence dans les synthèses religieuses.

## SHOU

Forme avec Tefnout le premier couple que le dieu solaire Atoum a fait advenir à partir de son sperme et de son crachat après qu'il a créé le monde, selon la cosmogonie d'Héliopolis. Il s'est dressé pour séparer le ciel de la terre, faire place ainsi à la lumière qui surgit dans l'espace ainsi constitué et, avec elle, au principe de vie. Plusieurs divinités sont unies à Shou par syncrétisme dans les théologies ; ainsi Onouris-Shou, Khonsou-Shou, Khnoum-Shou, Thot-Shou, etc.

## SOBEK (ou SÉBEK)

Sobek (ou Sébek), dont la forme hellénisée est Souchos, est le nom du principal dieu crocodile d'Égypte. Des cultes lui étaient rendus tout au long du territoire égyptien, du Sud profond aux franges septentrionales, et plus particulièrement dans les régions de marais. Voilà pourquoi le Fayoum, où un bras du Nil se jetait dans un lac dans un environnement marécageux, en accueillait le plus important ; au demeurant sa capitale fut appelée Crocodilopolis par les Grecs.

Sobek, en tant que crocodile, est valorisé comme monstre agressif aux capacités redoutables, et aussi comme maître des eaux. Les théologies l'ont assimilé à des dieux moins sauvages. Au Moyen Empire, on en fit une forme d'Horus, contribuant à la collecte dans les ondes du cadavre démembré d'Osiris, et en en assurant le triomphe posthume sous les noms de « Horus qui réside à Shédet » (Crocodilopolis) et d'Horus-Khentykhéty.

Par ailleurs, il fut très anciennement identifié au démiurge solaire sortant de l'océan primordial, sous la forme Sobek-Rê, et ce rôle fut développé en mettant en valeur la puissance qu'il déploie pour massacrer ceux qui tentaient de s'opposer à lui dans les eaux primordiales.

## SOKAR

Sokar est souvent représenté avec une tête de faucon. Originellement dieu des fondeurs, il fut valorisé à partir de là en tant que symbole de l'émergence du soleil ou de la lune hors de la terre, comme le métal brillant surgi du minerai. Il devint dieu de la nécropole memphite sous la forme syncrétiste de Ptah-Sokar, Sokar-Osiris et

Ptah-Sokar-Osiris. Il est figuré sous forme humaine ou hiéracocéphale. Transféré à Thèbes, son culte, marqué par une procession autour des murs et par le halage de sa barque sacrée appelée *henou*, s'intégra au Nouvel Empire dans les croyances funéraires, et plus particulièrement dans le complexe rituel du mois de Choiak.

## SPHINX

Très différent du sphinx grec, le sphinx égyptien a un corps de lion, avec une tête d'homme, parfois de faucon, de bélier (« criosphinx ») ou de Seth. Sa plus célèbre représentation est le sphinx que Chéphren fit sculpter dans une éminence rocheuse près du temple bas de son complexe funéraire.

## TEFNOUT

Selon la cosmogonie d'Héliopolis, elle est le partenaire féminin de Shou, formant avec lui le premier couple que le créateur solaire Atoum a fait advenir à partir de son sperme et de sa salive, lorsqu'il mit en place la création. En tant que fille du créateur, elle a pour devoir de stimuler sans cesse le désir sexuel de son père qui est l'origine de la création, et qui conditionne son fonctionnement.

Aussi est-elle identifiée à Maât, qui, en tant que principe d'ordre, règle la marche du monde. Par ailleurs, elle est aussi l'œil du soleil, « la lointaine », sa fille qui, courroucée, s'est enfuie loin de lui dans les contrées méridionales et que Thot a pour mission d'apaiser et de ramener.

## THOUÉRIS

Les Grecs ont hellénisé en Thouéris le nom égyptien Taouret, « la corpulente ». Nom bien venu, puisque la déesse ainsi nommée se distingue par sa tête d'hippopotame et son ventre de femelle en gestation. Elle est la protectrice des parturientes.

## THOT

Ce dieu, figuré soit sous forme d'ibis, soit sous forme de babouin, est fondamentalement le maître des régularités normées et cycliques qui assurent le fonctionnement de la création. Dieu de la lune, il en assure le cycle en reconstituant l'œil d'Horus mutilé par Seth. Autre rôle pacificateur : c'est lui qui fut chargé par le dieu solaire d'aller chercher dans les contrées méridionales sa fille Tefnout qui s'y était retirée courroucée, de l'apaiser et de la ramener en Égypte. Responsable des périodisations, il inscrit les années de règne du pharaon sur l'arbre sacré. Il contrôle les calculs et la métrologie. Maître de la parole et de sa codification visuelle, l'écriture, appelée « paroles divines », il est le scribe des dieux, le scripteur originel de tous les textes sacrés, et aussi le dieu des scribes, veillant sur les documents juridiques et judiciaires. De là son rôle de savant et de magicien, particulièrement développé dans les traditions post-pharaoniques et son identification à Hermès. Il avait des cultes en Basse-Égypte et en Nubie, mais son principal sanctuaire était Khnoumou, appelée Hermopolis Magna par les Grecs. Cette ville de Moyenne-Égypte était réputée dans l'antiquité pharaonique comme centre de la culture religieuse. De nos jours, sa nécropole, sur le site de Touna-el-Gebel, attire le touriste qui peut visiter les catacombes où les animaux sacrés de Thot étaient enterrés.

TROISIÈME PARTIE

# LA CIVILISATION ÉGYPTIENNE

## Les principales villes et sites archéologiques

### ABYDOS

Ville de Haute-Égypte où furent enterrés les rois de la dynastie zéro, avant la période historique, et les pharaons de l'époque thinite. Elle en acquit une sacralité particulière. Son dieu chacal, Khenty-imentyou, « celui qui est en tête des Occidentaux » fut identifié au grand dieu de la survie Osiris. Les rituels célébrés à son bénéfice, au cours desquels il était porté en procession vers sa tombe et enterré, après la mise en déroute de ses adversaires, gagnèrent une popularité à l'échelle du pays tout entier. Idéalement le défunt devait y effectuer un voyage, pour accéder au royaume souterrain des morts. Dans la pratique, ceux qui en avaient les moyens effectuaient des pèlerinages le 18 et 19 du premier mois de l'inondation, à l'occasion de la fête Ouag d'Osiris. Ils trouvaient judicieux, aussi, d'y dresser une tombe factice (cénotaphe), ou, à tout le moins, une stèle, une statue, une table d'offrandes ou quelque objet, inscrit si possible, afin de capter au bénéfice de leur survie post mortem l'efficacité des cérémonies qui y étaient célébrées. Les pharaons n'étaient pas en reste. Séthy I et Ramsès II y bâtirent, le premier ajoutant un cénotaphe à son temple dont les bas-reliefs comptent parmi les chefs-d'œuvre de l'art égyptien.

## AMARNA, AMARNIEN

Le terme a été formé par l'égyptologie sur El-Amarna, nom d'un village moderne sis sur le territoire d'Akhetaton, l'« Horizon du disque », la cité voulue par Akhenaton. Il désigne tout ce qui concerne ce roi, son règne, sa doctrine et son époque.

## ASIE

S'agissant de la civilisation pharaonique, le terme a une portée « utile » bien plus restreinte et concerne surtout le Proche-Orient, à commencer par le désert oriental qui borde la mer Rouge et la péninsule du Sinaï. L'Asie pour les Égyptiens, c'est aussi et surtout le monde syro-palestinien désigné, entre autres, par le terme Khor, avec, d'une part, la côte phénicienne, pour l'accès aux bois de charpente et les échanges avec Chypre et le monde égéen, et, d'autre part, les nombreuses cités, parfois regroupées en États puissants (comme le Mitanni) jusqu'à l'Euphrate, sans compter les tribus nomades sans cesse en mouvement. En avançant dans le temps, l'Égypte eut à compter aussi avec des puissances s'étendant au-delà, comme l'Empire hittite, Babylone, l'Assyrie, puis la Perse.

## BOUTO

Ville du Nord de la Basse-Égypte, centre d'un royaume à la période du prédynastique. Sa divinité majeure était la déesse cobra Ouadjyt, sous sa forme hellénisée, Outo.

## BYBLOS

Port sur la côte syrienne, où les Égyptiens venaient s'approvisionner en bois de charpente (cèdre et sapin) depuis le début de la période pharaonique. Conséquence : une très forte égyptianisation de la classe dirigeante locale.

## CANOPE

Canope est le nom d'une ville sur le littoral de la Méditerranée, au débouché d'une branche du

Nil, la moderne Aboukir. Le dieu de cette ville, Osiris-canope, étant souvent représenté sous forme d'une cruche à tête humaine, on a donné le nom de « (vases) canopes » aux quatre vases dans lesquels étaient placés les viscères après la momification, et dont chaque couvercle est surmonté d'une tête des quatre fils d'Horus.

## DEIR EL-MÉDINA

Nom du site sur lequel reposent les vestiges du village des artisans de l'Institution de la Tombe, chargés d'aménager et de décorer la tombe du pharaon. L'abondante documentation qui en provient a permis d'éclairer des aspects de l'histoire et de la civilisation par ailleurs relégués dans l'ombre en raison de l'insuffisance des sources.

## ÉTHIOPIE

On prendra garde que, s'agissant des relations extérieures de l'Égypte pharaonique, on utilise souvent, à la suite des Grecs, le terme « éthiopien » pour désigner les peuples et les cultures antiques de Nubie et du Soudan, alors que, de nos jours, le pays appelé Éthiopie couvre un territoire beaucoup plus au sud, au-dessus de la corne orientale de l'Afrique.

On préférera donc le terme « koushite », plutôt qu'« éthiopienne » pour désigner la XXVe dynastie.

## FAYOUM

Dépression au sud-ouest du Caire, où un bras du Nil, le Bahr Youssef, se jette dans un grand lac d'eau saumâtre. Dans la plus haute antiquité, la région était couverte de marais avec une végétation et une faune luxuriantes. Elle fit l'objet d'aménagements à plusieurs reprises, entre autres à la XIIe dynastie avec Sésostris II et Amménémès III, puis à l'époque ptolémaïque.

## HÉLIOPOLIS

Ville située au nord du Caire moderne, en aval de la pointe du delta. Appelé Iounou en égyptien (d'où On dans la Bible), mais Héliopolis, « Ville du soleil » par les Grecs, parce que sa divinité principale était le dieu soleil Rê. Sa théologie, avec la tradition de la création du monde par le démiurge solaire surgi de l'océan primordial, a rayonné dans toute l'Égypte. À partir du Nouvel Empire, elle s'étoffa avec le culte d'un taureau sacré Mnévis.

## HERMOPOLIS

Ville de Moyenne-Égypte, réputée pour son activité théologique et sa divinité principale Thot.

## KHOR ( KHAROU)

Terme formé sur le nom d'un peuple, les Hourrites, et désignant au Nouvel Empire la région de Syro-Palestine.

## KOUSH (KOUSHITE)

Terme désignant en égyptien la région qui s'étend au sud d'Assouan sur la Nubie et sur une grande partie du Soudan actuel. Elle fut égyptianisée, placée sous la férule des pharaons et administrée par le « fils royal (ou vice-roi) de Koush » au Nouvel Empire.

Au premier millénaire, elle échappa au contrôle des Égyptiens, et des potentats locaux finirent par s'emparer de l'Égypte. Dès lors des « pharaons noirs » constituèrent la XXV$^{e}$ dynastie (715-656 avant J.-C.), dite « éthiopienne », ou mieux, « koushite », en utilisant une appellation forgée par les égyptologues à partir du terme égyptien.

## LOUQSOR

Ce nom qui signifie « les châteaux » en arabe dialectal, par allusion au temple pharaonique, désigne la ville moderne sise sur le territoire de la grande cité pharaonique appelée Ouaset ou No (« la ville ») par les Égyptiens, et Thèbes par les Grecs. La zone où avait été édifié le temple de Louqsor s'appelait le « harem méridional ». Le temple de Louqsor, encore très bien conservé, était relié au temple de Karnak par une chaussée dont une grande partie passe sous la ville moderne. La rive orientale, en face de Louqsor, était dévolue aux nécropoles (dont la Vallées des Rois), aux temples funéraires (dont le Ramesseum et le temple de Ramsès III de Médinet-Habou), et à certains établissements (village des ouvriers de Deir el-Médina).

## MEMPHIS

Capitale fondée par le premier pharaon Ménès, après qu'il eut assuré l'unification politique de la Haute et de la Basse-Égypte. Son nom est l'aboutissement hellénisé de l'élément Mennéfer, « stable de perfection » entrant dans le nom de la ville de pyramides de Pépy I^er^. La ville avait d'autres désignations : le « Mur blanc », par allusion aux murailles recouvertes de calcaire, édifiées par le premier roi ; « Vie des deux pays » (Ânkh-taouy) ; « Balance des deux pays » ; « Château du ka de Ptah » (Houtkaptah), qui aboutira, par l'intermédiaire du grec, aux noms « Égypte » et « Copte ».

Memphis fut la résidence des pharaons de l'Ancien Empire. Leurs complexes de pyramides et les nécropoles de la classe dirigeante furent implantés sur le plateau désertique à l'ouest. Au Nouvel Empire, et jusqu'à la fondation d'Alexandrie, Memphis retrouva sa position de première ville d'Égypte, même s'il arrivait que les pharaons choisissent d'autres résidences.

À la XXVI^e^ dynastie, Apriès y bâtit un palais fortifié, juché sur une plate-forme artificielle en brique afin d'avoir une position dominante dans une zone très plate. La ville même avait plusieurs foyers d'activités, le temple de Ptah, le quartier des artisans, le port. Outre Ptah, de nombreuses divinités étaient l'objet d'un culte à Memphis : Hathor, Sakhmis, Osiris, le taureau Apis et, à la Basse Époque, Anubis, Thot, Bastet, etc.

De nos jours, les vestiges de la ville subsistent autour du village de Mit Rahina, – entre autres, le colosse de Ramsès II et l'officine d'embaumement d'Apis –, mais la majeure partie demeure enfouie sous les habitations modernes. Ce sont surtout les nécropoles qui conservent les monuments les plus significatifs de Memphis avec les pyramides, les mastabas et le Serapeum sur les sites d'Abousir, Giza, Saqqara, Dahchour, etc.

## NUBIE

Ce nom, issu de l'égyptien noub, « or », désigne les territoires s'étendant au sud de la première cataracte jusqu'à la quatrième cataracte, et actuellement partagés entre la République arabe d'Égypte et la République du Soudan. Bien qu'assujettis la plupart du temps à l'Égypte pharaonique, les Nubiens eurent parfois l'occasion de prendre leur revanche.

Durant la période Hyksôs, ils s'allièrent avec les Hyksôs et menèrent des raids assez profondément en Égypte. Et surtout, à la fin du Nouvel Empire, Nubiens et plus largement Koushites se libérèrent du joug de l'Égypte pour finirent quelques temps plus tard par la conquérir : ce fut la XXV^e^ dynastie.

## PI-RAMSÈS

Nouvelle résidence royale fondée par Ramsès II sur une branche du Nil traversant le delta oriental. Quand cette branche fut ensablée, la ville fut abandonnée, et ses ruines exploitées pour construire d'autres monuments, entre autres ceux de Tanis. Peut-être est-ce la Ramsis de la Bible.

## POUNT

Pount, à la limite du monde humain, est à la fois une contrée mythologique, surnommée « le pays divin », dans la partie orientale de la création, et une contrée réelle, où les Égyptiens venaient périodiquement chercher des produits exotiques, girafes, panthères, singes, et surtout aromates et arbres à encens. Depuis l'Ancien Empire, on s'y rendait par la mer Rouge. Dans des ports de la côte égyptienne étaient remontés des bateaux qu'on avait amenés là démontés depuis l'Égypte, en suivant à travers le désert une piste qui partait de Coptos. Sur les parois du portique limitant une des terrasses du temple d'Hatshepsout à Deir el-Bahari a été relatée par le texte et l'image, et avec un fort modelage idéologique, une expédition envoyée là-bas par la reine. La localisation exacte de Pount fait encore l'objet de débats. Le terme désignait probablement la zone comprise grosso modo entre l'Atbara et la côte soudanaise, mais peut-être aussi, par extension, une partie occidentale de la péninsule Arabique.

## SAÏS, SAÏTE

Saïs est une ville du delta occidental, dont la divinité principale est Neith. C'est une lignée issue de cette ville qui refit l'unité de l'Egypte et fonda la XXVIe dynastie. D'où la dénomination d'« époque saïte ».

## TANIS

Ville du delta oriental, elle se substitua à Pi-Ramsès comme port quand la branche du Nil qui arrosait celle-ci fut ensablée. À Tanis, Smendès fonda la XXIe dyanstie. La ville se développa amplement, les constructions profitant du démantèlement de Pi-Ramsès. La découverte à Tanis d'une nécropole royale inviolée en 1939 n'eut pas le même retentisssement que celle de Toutankhamon.

## THÈBES

Nom donné par les Grecs à une ville appelée

par les Égyptiens Ouaset ou encore No, c'est-à-dire « la Ville » (par excellence). De fait, les aléas de l'histoire ont promu cette obscure bourgade sise en Haute-Égypte, dans le Sud profond, à quelque 730 km du Caire, parmi les plus importantes villes de la période pharaonique.

À deux reprises, en effet, une lignée de potentats thébains a refait l'unité d'une Égypte morcelée. D'abord, vers 2100 avant J.-C. grâce au pharaon Montouhotep Nebhépetrê, de la XI^e dynastie, qui triompha du royaume du Nord et jeta les fondations du Moyen Empire. Ensuite, vers 1539 avant J.-C., grâce au pharaon Amosis, qui expulsa les Hyksôs pour fonder la XVIII^e dynastie.

## VALLÉE DES REINES

Zone sise au sud de la nécropole thébaine, après Médinet-Habou, et dévolue aux tombes de reines, de princes et de hauts dignitaires du Nouvel Empire. Quatre-vingts ont été répertoriées, beaucoup sont inachevées.

## VALLÉE DES ROIS

Les pharaons du Nouvel Empire séparèrent la partie ouverte de leurs tombes, c'est-à-dire leurs temples funéraires, installés à la limite des cultures, de la partie close, c'est-à-dire leurs sépultures, qui furent, quant à elles, ménagées dans des hypogées (« syringes ») creusés à l'intérieur des falaises dans la Vallée des Rois, laquelle comprend une partie principale et une annexe ou Vallée des singes.

Le premier utilisateur en fut Thoutmosis I, ses prédécesseurs immédiats ayant été enterrés à Dra Abou'l-Negga. Soixante-deux tombes, certaines inachevées, certaines de simples dépôts de matériels funéraires, ont été inventoriées. Parmi ces tombes, plusieurs ont été accordées non à des pharaons, mais à des princes ou à des membres de la famille royale (tombe collective des fils de Ramsès II, tombe de parents de Tiyi), ou encore à des hauts dignitaires privilégiés.

# Les époques

## ANCIEN EMPIRE

La période désignée sous l'appellation d'Ancien Empire va de la IIIe dynastie à la fin de la VIe dynastie (environ 2635 à 2140 avant J.-C.). C'est le temps des arrogantes certitudes. L'Égypte ne se reconnaît aucun égal dans les pays voisins. Le pharaon, qui réside à Memphis, mobilise les biens et les hommes au bénéfice de manifestations ostentatoires et démesurées de sa suprématie que sont les pyramides. L'art atteint une perfection technique inégalée dans les limites que lui imposent une technologie somme toute restreinte et un carcan canonique pesant. L'effondrement de cette société apparemment monolithique et infrangible est dû à l'autonomie de plus en plus marquée que se gagnent les potentats régionaux.

## HYKSÔS

Forme hellénisée du terme égyptien *heqa khasout*, « souverain des pays étrangers », ce terme désigne des peuplades à majorité sémitiques qui prirent le pouvoir en Égypte, prise de pouvoir symbolisée par le couronnement de Salitis à

Memphis (1650 avant J.-C.). C'était en fait l'aboutissement d'une forte pression exercée par les peuplades asiatiques sur les marches du delta oriental. Après s'y être depuis longtemps infiltrées et installées, elles avaient fini par établir un royaume dont la capitale était Avaris, sur le site actuel de Tell el-Doba.

La souveraineté des Hyksôs sur l'Égypte avait pris plusieurs formes : ils se contentaient d'imposer des taxes à la lignée nationaliste de Thèbes ; ils contrôlaient le nord de la Haute-Égypte par l'entremise de collaborateurs égyptiens. Ils avaient confié une partie de la Basse-Égypte à des roitelets sémitiques. Ils ne s'en étaient pas moins érigés en pharaons en s'arrogeant les titres et les apparats de la fonction. Ils s'étaient ouverts à la civilisation égyptienne, et contribuaient à la préservation de son savoir. Cela posé, ils conservaient certaines coutumes cananéennes, – sépultures dans les habitations, sacrifices d'ânes –, et partageaient les grands mouvements culturels du Proche-Orient : on a retrouvé dans un palais Hyksôs d'Avaris des peintures d'inspiration minoenne, d'un type attesté par ailleurs en Syrie.

## MOYEN EMPIRE

Sous ce terme, on désigne la période qui va de la réunification de l'Égypte sous le règne de Montouhotep II (environ 2022 avant J.-C.) à son assujettissement aux Hyksôs, sanctionné par la prise de Memphis (environ 1650 avant J.-C.). Elle comprend donc la fin de la XIe dynastie, la XIIe dynastie et la XIVe dynastie qui recouvre, en fait des lignées parallèles à la précédente.

Le Moyen Empire est marqué à l'extérieur par l'intégration d'une partie de la Nubie à l'Égypte, par l'établissement de relations de partenariat avec certains États de Syro-Palestine et la vulnérabilité à l'immigration asiatique. À l'intérieur, le pouvoir installe un nouvel ordre bureaucratique, qui vise à annihiler les tropismes féodaux et favorise l'émergence d'une petite bourgeoisie.

Thèbes est favorisée en tant que capitale, ou en tant que ville dynastique. On met sur pied un vaste plan d'aménagement des marais du Fayoum en implantant des pyramides et leurs complexes urbains. Se constitue une littérature, dont les chefs-d'œuvre, le Roman de Sinohé et l'Enseignement de Ptahhotep, deviendront des classiques de la culture pharaonique.

## NOUVEL EMPIRE

Le Nouvel Empire émerge d'un siècle où, pour la première fois, l'Égypte s'était trouvée assujettie à la férule d'étrangers. Il comprend les XVIII$^{e}$, XIX$^{e}$ et XX$^{e}$ dynasties (environ 1550-1080 avant J.-C.). Il est marqué par une large ouverture aux hommes et aux techniques venus de l'étranger, surtout du Proche-Orient, d'une part à travers une forte immigration vers l'Égypte, d'autre part à travers une vaste extension de l'influence, souvent même de la domination égyptienne hors de ses frontières. L'Égypte découvre qu'il existe des nations capables de rivaliser avec elle, non seulement sur les champs de bataille, mais aussi dans les raffinements de la civilisation.

## PÉRIODES INTERMÉDIAIRES

Dans le découpage de l'histoire égyptienne, on distingue trois grandes périodes dites « intermédiaires », parce qu'il n'y avait plus de pouvoir pharaonique unique contrôlant à lui seul l'ensemble du pays :

- **La première période intermédiaire** (environ 2140-2002 avant J.-C.) : l'Ancien Empire se démembre en de multiples pouvoirs régionaux à tendance féodale. Puis deux royaumes se constituent, l'un, contrôlant la Basse-Égypte et la Moyenne-Égypte, aux mains d'une lignée originaire de Héracléopolis Magna, ville au sud du Fayoum, l'autre Thèbes. Le second finit par l'emporter sur le premier ; d'où la réunification, point de départ du Nouvel Empire.

- **La deuxième période intermédiaire** (environ 1650-1539 avant J.-C.). La XIIIe dynastie perd progressivement la puissance de la dynastie précédente, dont elle se voulait la continuatrice. Dans le Nord, les Asiatiques, qui affluaient depuis longtemps, se constituent en royaume dans la région orientale, avant que les Hyksôs imposent leur sujétion sur tout le pays avec des modalités diverses. Ils confient une partie de la Basse-Égypte à des dynastes asiatiques, une partie de la Moyenne-Égypte à des Égyptiens collaborateurs, tandis que la Nubie tombe aux mains de potentats indigènes avec lesquels ils s'allient. Dans le Sud, un cartel nationaliste s'est constitué autour d'une lignée thébaine, alliée à des potentats d'Edfou et de Thèbes. Après bien des vicissitudes, elle finit par bouter l'Hyksôs hors d'Égypte et à fonder le Nouvel Empire.

- **La troisième période intermédiaire** (environ 1069-664 avant J.-C.). La décadence s'accéléra sous les derniers Ramsès. L'Égypte se déchira : au Sud, les grands prêtres d'Amon, au Nord une dynastie régnant à Tanis (Smendès, Psousennes). Les mercenaires libyens, établis depuis longtemps, se constituèrent en chefferies en Basse-Égypte et en Moyenne-Égypte, et imposèrent un pharaon issu d'eux à Thèbes (Chéchanq I, XXIIe dynastie). L'unité n'en fut pas réalisée pour autant, loin s'en faut, le pouvoir étant morcelé entre plusieurs pharaons et plusieurs grands féodaux. Une dynastie koushitique réussit à assujettir le Sud (XXVe dynastie), mais pas totalement le Nord. Des incursions assyriennes les contraignirent à battre en retraite. Une lignée issue de Saïs parvint enfin à réunifier l'Égypte (XXVIe dynastie).

## PERSE (ÉPOQUE)

À deux reprises l'Égypte tomba sous la domination perse. D'abord entre 525 et 404 avant J.-C. L'histoire officielle engloba alors les rois perses, entre autres Cambyse et Darius Ier dans la XXVIIe dynastie. L'occupation fut diversement appréciée.

Nombre d'Égyptiens collaborèrent. Mais peu à peu se forma un très violent sentiment anti-perse, véhiculé par une propagande puissante et exprimé par des révoltes bien entendu réprimées dans le sang et la destruction.

Libérée par Néphéritès I en 398 avant J.-C., l'Égypte fut derechef conquise par le Grand Roi Artaxerxès III, et se retrouva assujettie à l'Empire perse pour neuf ans, jusqu'à ce qu'il fût vaincu par Alexandre le Grand (330 avant J.-C.).

## PRÉDYNASTIQUE

L'Égypte pharaonique n'a pas surgi brusquement du néant vers 3000 avant J.-C. Loin de là. Elle a des racines qui plongent dans une période de plus d'un millénaire, l'époque prédynastique, qu'on subdivise en trois périodes :

- **Naqada I**, ou **Amratien**, de 3800 à 3500 avant J.-C. ;
- **Naqada II**, ou **Gerzéen**, de 3500 à 3200 avant J.-C. ;
- **Naqada III** ou **Protodynastique**, de 3200 à 3000 avant J.-C.

Se manifestent alors dans la vallée du Nil les

marques d'un certain développement : céramique et technologie du cuivre, productions céréalières, élevage du petit bétail, urbanisation embryonnaire, agglomérations relativement peuplées et possédant des édifices et des zones spécialisées pour des raisons économiques, militaires, idéologiques et religieuses.

Peu à peu s'affirment deux types de culture. En Basse-Égypte, avec pour centre Bouto, une culture apparentée, par son matériel en pierre, aux cultures contemporaines de Palestine et qui s'ouvre tardivement à des influences venues de Mésopotamie. Elle est le fait de communautés faiblement hiérarchisées. En Haute-Égypte se répand une culture impliquant une hiérarchisation très marquée, avec constitution d'élites qui cherchent à s'affirmer et à se distinguer par la possession et la jouissance ostentatoires d'objets et de biens précieux.

Ces pouvoirs locaux tendent à s'étendre en royaumes autour de trois centres :

- La future **Hiérakonpolis** sur la rive occidentale au sud de Louqsor, avec juste en face une autre agglomération près de l'actuel El-Kâb ;

- **Naqada**, au nord de Louqsor sur la rive occidentale, mais proche des débouchés des routes du désert oriental et du sanctuaire prestigieux de Coptos ;
- **This** (site exact inconnu) et **Abydos**, sa nécropole, encore plus au nord, là où le Nil, après un court segment transversal, reprend son trajet en direction de la Méditerranée.

Dans ces royaumes se développe un apparat idéologique sophistiqué. Les représentations montrent déjà une véritable « rhétorique de l'image », annonçant celle que développera la civilisation pharaonique. Les détenteurs de la fonction royale, qu'on regroupe sous le terme de « dynastie zéro », ont pour attribut symbolique le *serekh*, représentant une façade de palais à redans. Deux siècles avant l'unification, est déjà mise en œuvre une écriture utilisée non seulement pour la gestion des biens, mais aussi au bénéfice de l'idéologie royale.

Ces royaumes en vinrent à se disputer l'hégémonie non seulement sur la Haute-Égypte, mais aussi sur la Basse-Égypte. Au terme de longues rivalités, ce sont les rois de This et d'Abydos, en définitive, qui finirent par triompher et par réaliser l'unification de l'Égypte sous les règnes de Nârmer et de Âha.

## THINITE (ÉPOQUE)

Appellation sous laquelle les égyptologues désignent les Ire et IIe dynasties (environ 3000-2635 avant J.-C.), à partir du nom de This près d'Abydos, qui aurait été la ville d'origine des pharaons qui composent ces dynasties.

La Haute et la Basse-Égypte sont désormais unifiées en un seul royaume avec Memphis pour capitale. Une administration centrale élabore, collecte et gère les biens de consommation au bénéfice du pharaon, lequel effectue un contrôle itinérant des provinces constituant le pays.

L'écriture est utilisée, mais limitée à des mentions très courtes (noms et titres). Sont déjà présents bien des traits propres à la civilisation pharaonique, mais subsistent encore d'autres traits plus archaïques, comme les sacrifices humains, entre autres à l'occasion des funérailles.

# Les symboles et représentations religieuses

## ARBRE

Faute de forêts denses et de très grands houppiers, les Égyptiens appréciaient surtout l'ombre rafraîchissante offerte par des frondaisons largement déployées, comme celles du sycomore. Les élites ne manquaient pas d'agrémenter les jardins de leurs villas de plantations arbustives bien ordonnées autour des bassins. De là, dans les croyances, le thème de l'arbre, des branches duquel une déesse, Hathor ou Nout, verse de l'eau.

## BIBLE

En raison de la proximité géographique, l'Égypte pharaonique est largement présente dans la Bible, et plus particulièrement dans l'Ancien Testament. Cette présence se manifeste d'abord de manière implicite à travers l'influence consciente ou inconsciente qu'elle a exercé sur ceux qui rédigeaient ces textes. C'est ainsi que dans certains passages du *Livre des proverbes*, on perçoit l'écho d'une sagesse égyptienne, L'enseignement d'Aménemopé.

Outre des influences implicites, l'Égypte est explicitement mentionnée 680 fois dans la Bible. Elle y est invoquée comme élément de l'univers dans lequel se déroule l'histoire du peuple élu. Selon les époques, cet élément est utilisé de manière différente. Parfois l'Égypte demeure confinée au rôle de représentant protypique de l'étranger et de la marge ; mais elle peut passer au rôle d'agent épisodique, ou même de protagoniste majeur.

Ce rôle de protagoniste est particulièrement saillant dans les deux épisodes fondateurs de l'identité hébreue :

L'épisode de Joseph, qui rend compte de la formation de l'identité communautaire par différenciation de l'intérieur avec le polythéisme esclavagiste qui prévaut en Égypte où sont entrés les enfants d'Israël.

L'épisode de Moïse et de l'Exode, qui rend compte de la formation de l'identité nationale fondée sur l'alliance avec Yahvé, par différenciation extérieure contre le polythéiste esclavagiste de l'Égypte, d'où les enfants d'Israël sont sortis.

Dans ces épisodes, l'Égypte sert avant tout de cadre et de protagoniste. Une couleur locale est donnée à l'aide de notations reflétant son image dans la mémoire du peuple hébreu. Beaucoup de ces notations sont authentiques, par exemple l'âge idéal de 110 ans, les villes de Tanis, Pithom, l'accès d'étrangers aux plus hautes fonctions de l'État ou, inversement leur exploitation comme travailleurs de force. Mais elles sont hétérogènes et anachroniques par rapport aux époques auxquelles sont censés se dérouler ces épisodes. Elles relèvent de l'élaboration littéraire des récits et visent à donner une couleur locale pour en accroître la puissance d'évocation et l'attrait. Alors qu'ailleurs dans la Bible des pharaons authentiques sont explicitement mentionnés, dans chacune des anecdotes, les pharaons demeurent anonymes. S'ils sont convoqués, c'est pour remplir le rôle du potentat polythéiste, tour à tour bienveillant et hostile, rôle nécessaire à l'affirmation a contrario de l'identité d'Israël, et non par référence à des personnages historiques. En conséquence, il est vain de s'acharner à tout prix à les identifier à des pharaons attestés par les sources égyptiennes.

Cela posé, dans la réception de la Bible par notre culture moderne, les épisodes mettant en jeu l'Égypte tiennent une grande place, jusqu'à irriguer la pensée moderne. L'une des plus grandes figures du XX$^{e}$ siècle, Sigmund Freud, a cherché à associer Moïse à Akhenaton.

## CARTOUCHE

Deux des cinq noms composant la titulature du pharaon, le nom de « fils de Rê » ou « prénom » ou encore « nom de naissance », et le nom de « roi du Sud et du Nord » ou « nom de couronnement » sont inscrits dans un « cartouche ». Le cartouche est fondamentalement un cercle de corde terminé par un nœud, censé protéger magiquement le nom qu'il enclôt. Son allongement en ovale tient à l'étirement horizontal de la séquence de hiéroglyphes écrivant le nom.

Les reines n'ont qu'un cartouche, sauf dans les rares cas où elles sont devenues pharaon.

Parfois, certaines divinités ont eu droit au cartouche. Ainsi, Amon, en tant que « roi des dieux » ; Osiris, en tant qu'« être parfait » ; Aton, la divinité dont Akhenaton s'était proclamé le sectateur, a, quant à lui, son identité répartie en deux cartouches.

## HIÉROGLYPHES

L'écriture hiéroglyphique apparaît vers 3150

avant J.C. et disparaît dans la première moitié du V$^{e}$ siècle de notre ère. Pour bien la comprendre, une distinction fondamentale s'impose entre son apparence et le système à travers lequel elle encode les énoncés.

## I. L'apparence de l'écriture hiéroglyphique.

Les hiéroglyphes sont figuratifs, c'est-à-dire qu'ils reproduisent des éléments identifiables de l'univers égyptien. Ce sont des images passibles des mêmes conventions qui régissent, par ailleurs, les représentations dans l'art pharaonique.

Cela posé, pour fonctionner comme signes d'écriture, les images que sont les hiéroglyphes subissent trois contraintes :

1. CALIBRAGE.  la sauterelle occupe dans le champ de l'inscription le même espace que celui de l'éléphant. 

2. INVESTISSEMENT DENSE ET ORDONNÉ DE L'ESPACE ALLOUÉ À L'ÉCRITURE. Les hiéroglyphes ne s'alignent pas les uns à côté des autres, en « rang d'oignons », mais sont regroupés et disposés selon leur morphologie dans des « cadrats », sorte de quadrilatères

virtuels segmentant la surface disponible. S'il faut utiliser successivement les signes :

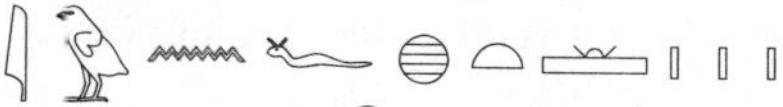

on les écrira 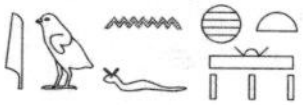

3. Orientation identique des signes dissymétriques. Cette orientation dépend de la direction de lecture, laquelle varie selon la nature et l'emplacement du texte. En effet, l'écriture hiéroglyphique est susceptible d'être agencée de manière à pouvoir se lire dans quatre directions, de droite à gauche, horizontalement et verticalement, de gauche à droite, horizontalement et verticalement. Exemples :

a) lecture de gauche à droite, signes orientés vers la gauche ; 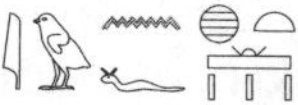

b) lecture de droite à gauche, signes orientés vers la droite ; 

c) lecture de haut en bas et de gauche à droite, signes orientés vers la gauche ;

d) lecture de haut en bas et de gauche à droite, signes orientés vers la droite. 

## II. Le système hiéroglyphique

Le système hiéroglyphique repose sur la combinaison de trois catégories de signes.

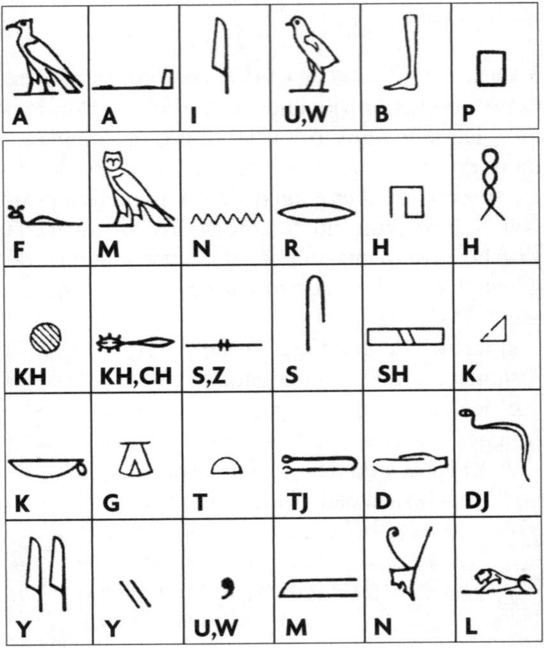

1. LES IDÉOGRAMMES, qui, à eux seuls, écrivent un mot, ou encore différents mots dans lesquels s'actualise la même notion. Exemples :

 le signe de l'obélisque écrit à lui seul le mot *tekhen,* « obélisque » ;

 le signe du disque solaire écrit *râ,* « soleil, Rê », *herou,* « jour ».

2. LES PHONOGRAMMES qui notent une consonne (ou semi-consonne) ou une succession de consonnes, l'écriture ne prenant pas en compte les voyelles. Exemples :

 écrit la consonne *m* ;

 écrit les consonnes *w* + *n* ;

 écrit les consonnes *ch* + *n* + *m.*

3. LES DÉTERMINATIFS, classificateurs placés à la fin d'un mot, et qui indiquent dans quelle catégorie sémantique se range ce mot. Exemples :

 suit les mots impliquant une notion de force ; ainsi, *nekhet,* « victoire » ; 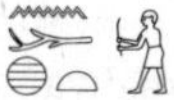

 suit les mots impliquant une notion de forte activité de la bouche ; ainsi, *medou,* « parler ». 

La manière dont ces trois catégories de signes s'organisent pour écrire les énoncés de la langue est fondée sur des usages qui varient selon l'époque, le genre de document, le lieu, etc.

## JUGEMENT DES MORTS

La survie dépend d'abord de conditions matérielles et rituelles, – momification, funérailles –, apparat funéraire, mais aussi, dans certaines croyances, de sa conduite. C'est ce qu'illustre un chapitre fameux du Livre des morts, consacré à la « pesée du cœur » (ou « psychostasie »). Le défunt comparaît devant un tribunal présidé par Osiris. Son « cœur », c'est-à-dire son identité psychique comportant sa conscience et le souvenir de sa vie terrestre, est placé dans un des plateaux d'une balance manœuvrée par Anubis ; dans l'autre plateau se trouve la plume d'autruche, symbole de Maât, représentant ici l'ordre moral. Thot fait office de greffier, les instruments du scribe à la main. Si le résultat est mauvais, le défunt est livré à l'« avaleuse des morts », un monstre à tête de crocodile, à corps de chienne ou souvent de lion, et à l'arrière-train d'hippopotame. En fait, le défunt a peu de soucis à se faire. La connaissance des formules appropriées et la possession des grimoires et objets adéquats lui permettent d'envoûter la balance, Osiris et ses assesseurs, si bien qu'il sort justifié (« juste de voix ») de l'épreuve, quelle qu'ait été sa conduite réelle sur terre.

Le défunt doit aussi démontrer sa bonne moralité devant quarante-deux juges en niant avoir perpétré l'interdit ou le tabou dont chacun d'eux est le surveillant particulier. On appelle cette longue série de dénégations « confession négative », expression fort malencontreuse. Car l'emploi du mot « confession » éveille des connotations peu pertinentes. Il ne s'agit absolument pas de se purifier de ses péchés en les avouant, mais de forcer l'agrément des juges par la magie, grâce à la connaissance de leurs noms, qui donne prise sur eux, et à celle des formules idoines.

## LOTUS

Le lotus était extrêmement abondant dans l'Égypte ancienne avec ses vastes étendues marécageuses et ses nombreux lacs, étangs et pièces d'eau, surtout sous deux variétés, le lotus blanc et le lotus bleu. Point de surprise, donc, s'il tient une bonne place dans les croyances religieuses. Ainsi, parce que ses boutons à fleur d'eau s'ouvrent dès que les touchent les premiers rayons du soleil, puis se referment avec la tombée de la nuit, le lotus bleu fut considéré comme l'image même du cycle de la création : le soleil qui apparaît hors de l'océan primordial pour s'y replonger au terme de son périple diurne. Qui plus est, le symbolisme est à plusieurs degrés : en s'ouvrant, la fleur exhale un suave parfum, or le parfum est l'un des signes sensibles de l'épiphanie divine. Le lotus blanc, quant à lui, s'ouvre la nuit, signifiant, comme en contrepartie, que l'astre continue son activité une fois le soleil couché. En raison de sa riche charge symbolique, le lotus a même été divinisé sous la forme du dieu Néfertoum adoré à Memphis.

## MOMIE, MOMIFICATION

Les anciens Égyptiens croyaient possible la survie, sous diverses formes, après la mort biologique. Mais pour avoir une chance d'en bénéficier, s'imposait une condition impérative : que le corps du défunt, loin de retourner à la poussière, soit conservé, sinon véritablement intact, à tout le moins dans l'assemblage originel du corps, en évitant la dislocation. D'où la momification, qui vise à séparer ce qui ne saurait échapper à la corruption de ce qui peut résister au temps. Les techniques mises en œuvre sont les suivantes :

- Extraction par le nez du cerveau auquel on substitue de la résine.
- Extraction des viscères par une fente ouverte dans le flanc gauche. Après avoir baigné quelque temps dans des solutions de vins cuits et d'aromates, ils étaient placés dans quatre vases appelés « vases canopes », déposés près de la momie, souvent à l'intérieur d'un coffre. Chacun de ces quatre vases était protégé par un des quatre fils d'Horus, représenté par le couvercle. Hâpy, à tête de singe, veillait sur les poumons ; Amset, à tête humaine, sur le foie ; Qebehsenouf, à tête de faucon, sur les intestins ; et Douamoutef, à tête de chacal, sur l'estomac. Plus tard, les viscères, dûment emmaillotés, furent replacés dans la momie.
- L'intérieur du corps, soigneusement débarrassé de tout ce qui était putrescible, était bourré de tampons de lin, de résine, de myrrhe et d'aromates à propriété dessicante, entre autres la nicotine, retrouvée dans la momie de Ramsès II. Le cœur, siège de la conscience, de l'intellect, de la volonté et des affects, était laissé à l'inté-

rieur de la momie, quitte à recevoir un traitement particulier. Il était essentiel qu'il demeurât « à sa place », selon l'expression égyptienne, parce qu'il commandait les flux de sang et d'air assurant la connexion des différentes parties du corps. À ce prix seulement pouvaient se mettre en œuvre, à partir du corps ainsi traité, les différentes manifestations par lesquelles le mort échappait à l'anéantissement.

- Sur l'extérieur du corps, après un lavage soigneux de la peau, on appliquait une solutions de natron, un mélange de carbonate et de bicarbonate de soude, extrait de certaines régions d'Égypte, pour favoriser la dessication des chairs.
- Le corps était enveloppé dans différents réseaux des bandelettes et dans des suaires, imprégnés d'huile, de myrrhe, de résine. On y insérait des amulettes. Ainsi les chairs étaient isolées de l'extérieur, et les différentes parties du corps se trouvaient maintenues entre elles et préservées de la dislocation si redoutée.
- Les résidus de ces opérations, tampons et linges, devaient en principe être soigneusement conservés, car les humeurs putrescibles dont

ils étaient souillés possédaient un pouvoir régénérateur comme la crue du Nil, à laquelle ils étaient assimilés. Simplement, ils étaient ensevelis à part, souvent hors de la tombe. Ainsi, c'est la découverte d'un puits contenant des résidus de l'embaumement de Toutankhamon qui indiqua à Carter la zone dans laquelle devait se trouver la tombe de ce pharaon.

- Le visage était recouvert d'un masque. La pratique de la momification a, bien entendu, évolué durant trois millénaires. Au début, on s'en remettait surtout à la sécheresse du climat, qui, dans le désert qui borde les cultures, suffit souvent à assurer, quasi spontanément, une conservation relativement bonne du corps, à l'exception des parties particulièrement putrescibles. Puis, on développa tout à la fois les techniques d'embaumement et leur contrepartie rituelle. Soixante-dix jours étaient idéalement requis pour préparer le cadavre. Pour assurer cette tâche, se constituèrent des corporations de spécialistes. À la Basse Époque, leurs officines étaient si surchargées de « clients », que, pour éviter les confusions, on leur attachait des étiquettes avec leur identité. L'odeur peu gratifiante qui s'échappait rappelait celle des saleries de poisson. Le même mot grec « taricheute » désignait le spécialiste de l'embaumement et celui de la salaison ! À cause de la forte imprégnation de leurs bandelettes en résine et, tardivement, en bitume, les momies, une fois réduites en poudre, étaient considérées comme un ingrédient précieux dans la pharmacopée du Moyen Âge.

## OBÉLISQUE

Le terme vient d'un mot grec signifiant « brochette ». L'obélisque reproduit le tertre terminé en forme de pyramidion, *benben*, au sommet duquel était apparu le démiurge solaire lors de la création du monde. Les obélisques étaient de taille variable. De petits obéliques pouvaient être placés devant la tombe avec le nom et les titres de celui à qui elle était destinée.

Mais ce sont les obélisques ornant les temples qui sont les plus spectaculaires. Taillés dans des monolithes, leur hauteur s'élèvait souvent de 20 à 40 m, leurs poids de 120 à 200 tonnes et plus. Leur sommet (pyramidion) était souvent plaqué d'un revêtement de cuivre, d'électrum ou d'or qui resplendissait sous les rayons du soleil. Ils étaient dressés sur un piédestal décoré de singes, les Égyptiens ayant remarqué que ces animaux s'agitent bruyamment au lever du soleil, comme s'ils lui rendaient hommage. Habituellement, les obélisques étaient disposés par paire, encadrant l'entrée. Mais il existait aussi des obélisques dits « uniques », et qui faisaient en eux-mêmes l'objet d'un culte. Ainsi, sous la V$^{e}$ dynastie, les pharaons avaient-ils bâti des temples solaires autour d'un obélisque juché sur un tertre. Thoutmosis III en dressa un dans la partie orientale du temple de Karnak, placé dans l'axe, et non de part et d'autre, parce qu'il était destiné à être le centre d'un sanctuaire solaire. Il orne désormais la place de Saint-Jean-de-Latran à Rome, son transport, décidé par Constantin, ayant été parachevé par son fils Constantin II.

De fait, les obélisques ont tellement fasciné qu'on n'a pas hésité à les tranporter loin de leurs positions originelles en dépit des énormes difficultés qu'impliquait le déplacement de monolithes au poids et à l'encombrement considérables. Lors du sac de Thèbes (666 avant J.-C.), Assourbanipal se vante d'avoir enlevé deux obélisques. Les Romains, puis les modernes ont marqué le même genre d'intérêt. Résultat : il y a à Rome treize obélisques, certains œuvre des pharaons, d'autres commandés par des empereurs romains (ainsi place Navone, l'obélisque destiné à commémorer l'accession de Domitien à l'empire).

D'autres grandes capitales peuvent aussi s'enorgueillir de posséder ces monuments étonnants : Istanboul, New York, Londres et, bien sûr, Paris (où un obélisque fut érigé en 1832).

Les difficultés que suscitèrent leur transport et leur érection jusqu'au XIX^e^ siècle rendent d'autant plus digne d'admiration le travail des anciens Égyptiens, qui n'avaient à leur disposition qu'une technologie bien plus fruste. Et que dire de leur extraction et de leur taille même ? L'obélisque laissé en place dans la carrière d'Assouan donne une idée de la tâche.

## OUSHEBTI (SHAOUABTI)

Dans le royaume souterrain d'Osiris, le défunt risquait de se voir enrôlé dans une de ces corvées exténuantes qu'impose un État bureaucratique pour mener à bien ses grands travaux. D'où le subterfuge du *shaouabti*, appelé ensuite *oushebti*, le « répondant ». Ces petites statuettes de faïence, de bois, de pierre, voire d'or, étaient censées être animées magiquement et se substituer au mort dont elles portaient le nom pour tous les travaux de ce genre. Bien que momiformes, elles étaient pourvues d'instruments de travail, houes et couffins, et placées dans la sépulture. Leur nombre varia avec la surenchère qui anima l'évolution des croyances. D'une unité, à l'origine, puis de quelques unités, il passa à 365, – un par jour –, ou plus encore, car furent ajoutés 36 *oushebtis*, – un par décade –, en costume civil.

## PYRAMIDE

À l'origine de la pyramide se trouve le « mastaba », c'est-à-dire une superstructure massive de forme rectangulaire qui recouvre les tombes au début de l'histoire pharaonique. Vint l'idée de superposer plusieurs mastabas de dimensions décroissantes, idée matérialisée dans la fameuse pyramide à degrés de Djoser (IIIe dynastie, environ 2617-2599 avant J.-C.) à Saqqara, où chacune des quatre faces évoque un gigantesque escalier à six marches. Ce n'est pas seulement une image ; le monument suggère vraisemblablement l'ascension du pharaon défunt vers le ciel.

À la IVe dynastie, sont bâties les premières pyramides « standards », l'espace entre chaque degré étant en quelque sorte rempli de manière à obtenir une pente continue ; le symbolisme de cette nouvelle forme n'est pas assuré ; on a voulu voir des rayons de soleil perçant à partir de l'échancrure d'un nuage mais cette thèse poétique nécessiterait une solide confirmation. Plus probablement peut-on y voir une morphologie à rétrécissement progressif rappelant le tertre primordial au sommet duquel était apparu le créateur. La pyramide de Snéfrou (environ 2561-2538 avant J.-C.) à Meidoum illustre cette évolution : elle comptait originellement huit degrés, dont les espacements furent ensuite comblés ; à l'heure actuelle, les destructions subies révèlent plusieurs degrés.

Une autre pyramide de Snéfrou, la pyramide dite « rhomboïdale », avec une remarquable rupture de pente un peu au-dessus de la mi-hauteur, montre que les architectes égyptiens ont quelque peu tâtonné. Mais la perfection arriva avec son successeur Chéops, pour qui fut édifiée à grand coût matériel et humain la célébrissime grande pyramide de Giza – hauteur originelle 146 m ; largeur originelle à la base 232 m. Pour pleinement apprécier ce monument, il faut prendre en compte qu'il avait été recouvert d'un revêtement en calcaire blanc fin. Plus jamais de telles dimensions ne seront égalées ou dépassées.

Bien que très impressionnantes, elles aussi, les pyramides voisines de ses successeurs sont plus petites : Chéphren – hauteur originelle 136,5 m ; largeur originelle à la base 210 m –, et Mykérinos, – hauteur originelle 66 m ; largeur originelle à la base 108 m –. À l'exception de Shepseskaf, les pharaons de l'Ancien Empire édifièrent eux aussi des pyramides, mais de dimensions bien plus modestes et de conception moins soignée. Aussi ont-elles moins bien résisté au temps. Il en est de même pour les pyramides des XII$^{e}$ et XIII$^{e}$ dynasties, qui se dressent tout au long de la plaine memphite, de Dahchour, au sud de Saqqara, au Fayoum (Hawara et Lahoun), en passant par Licht. Les souverains irrédentistes des heures sombres de la deuxième période intermédiaire, quand l'Égypte était sous la férule des Hyksôs, bâtirent de petites pyramides de brique dans la nécropole thébaine.

En revanche, au Nouvel Empire, les pharaons renoncèrent aux pyramides, préférant des hypogées creusés dans les flancs de la montagne occidentale de Thèbes (Vallée des Rois). Toutefois, les particuliers du Nouvel Empire perpétuèrent l'ancien type de sépulture en dressant à proximité de leur chapelle de culte de petites pyramides de brique. De taille très modeste, elles étaient précédées par une cour close par un pylône. Au sommet, un pyramidion était très souvent décoré sur ses quatre faces.

À la suite de la conquête de l'Égypte, les Koushites, déjà fortement égyptianisés, revinrent à la pyramide comme sépulture, pour eux-mêmes et leur famille. De fait, depuis Piânkhi (757-716 avant J.-C.), jusqu'aux souverains méroïtiques du IIIe siècle après J.-C., les pyramides de pierre ou de brique furent édifiées en grand nombre (plus d'une soixantaine) autour des capitales Napata (sites de Kourou et de Nouri) et Méroé, parfois même plus au nord à Sedeinga.

Les pyramides ont toujours fasciné et suscité trop souvent des appréciations inexactes, pour ne rien dire des fantasmagories et des thèses aberrantes. Ce sont des sépultures destinées à recevoir une chambre sépulcrale, en principe fermée à tout jamais après l'inhumation, et non pas des lieux cérémoniels, comme les pyramides de Méso-

Amérique.

Les cérémonies du culte funéraire étaient célébrées, non pas dans la pyramide, encore moins sur la pyramide, mais dans les endroits appropriés du complexe funéraire dont elle était le centre : temple haut attenant, temple bas (ou de la vallée) en contrebas, relié au premier par une chaussée.

Le dispositif intérieur de la pyramide varie selon les époques, l'essentiel étant, bien entendu, la chambre sépulcrale contenant le sarcophage et la momie. S'y ajoutent des éléments comme des galeries, des pièces annexes, des cheminées dites « d'aération » qui peuvent être soit fonctionnelles, soit symboliques, soit les deux à la fois. Les plus anciennes pyramides demeurent anépigraphes (c'est-à-dire dépourvues d'inscriptions). C'est dans la pyramide d'Ounas, dernier pharaon de la Ve dynastie (vers 2350-2321 avant J.-C.), que sont inscrits pour la première fois des textes funéraires relevant du corpus dit des Textes des pyramides.

On a récemment pris conscience que toutes les pyramides n'étaient pas nécessairement des sépultures réelles. Certaines servaient de cénotaphes ou simplement de monuments commémoratifs. Ainsi, alors qu'on connaissait déjà trois pyramides pour Snéfrou de la IV$^{e}$ dynastie, père du fameux Chéops, voici que les fouilles ont révélé que devait aussi lui être attribuée la pyramide de Seila, juchée sur une hauteur dominant la plaine de Meidoum.

## SCARABÉE

Si le scarabée est un symbole très prégnant, c'est qu'il cumule deux caractéristiques jugées majeures : le développement de la larve dans un trou à partir une boulette d'excréments, degré zéro de la matière, et l'envol hors du trou de l'insecte parachevé comme s'il sortait de terre. De là, son nom « celui qui prend forme », et son utilisation pour écrire le verbe *khéper*, « prendre forme, se transformer », qui véhicule un concept cardinal. Selon la doctrine égyptienne, en effet, le démiurge était bel et bien virtuellement présent, même si c'était inerte et inconscient, dans l'océan primordial avant la création. Ses manifestations sont donc des prises de forme. Aussi le scarabée représente-t-il le soleil levant, en tant que Khépri, et, par extension, le soleil en général, en tant qu'il subit différentes transformations au cours de son cycle journalier.

La conjonction entre la prégnance symbolique du scarabée et sa morphologie a inspiré l'objet scarabée, qui est le produit manufacturé le plus répandu de l'Égypte pharaonique.

## SURVIE

Pour les anciens Égyptiens, la mort biologique qui met fin à l'existence terrestre ouvre une alternative :

- ou bien survient une « seconde mort », selon l'expression égyptienne, définitive celle-là en ce qu'elle signifie l'anéantissement ;
- ou bien la mort biologique n'est qu'une phase du cycle vital qui anime toute la création, un passage vers une autre forme d'état biologique.

Le défunt qui parvient à réussir ce passage est un *akh*, mot qu'on traduit par « mort glorifié », « esprit », ou, mieux, « transfiguré ». Cet état d'*akh* est marqué par une redistribution des composantes de la personnalité. À sa naissance, il avait été pourvu d'un *ka*, présenté par deux bras, apparemment levés, en fait tendus horizontalement. C'est son double dans un monde parallèle au monde des vivants, et qui est celui de l'inconscient, du sommeil et de l'au-delà. Il constitue une réserve de force vitale et d'énergie, reliée à celle du lignage, et emmagasine durant sa vie la quintessence active des nourritures consommées. À sa mort, l'individu entre de plain-pied dans le domaine de son *ka*, d'où l'expression « passer à son *ka* » pour « mourir ».

En même temps, avec la mort biologique, le défunt dispose désormais du *ba*, représenté comme un oiseau à tête humaine. Le *ba* est tout à la fois la capacité de se manifester dans un être ou un objet, et les formes à travers lesquelles elle se manifeste.

Pour éviter la « seconde mort », et réussir le passage de la mort biologique à la renaissance, s'imposent plusieurs conditions impératives. D'abord que le corps soit préservé dans son intégrité, une fois séparé le corruptible de l'incorruptible, grâce à la momification. Ensuite que soient accomplis les rites funéraires requis. Puis qu'il repose à l'abri dans une sépulture. Enfin qu'il dispose dans l'au-delà du mobilier et des provisions appropriés à ses besoins. L'idéal est qu'il bénéficie d'un culte d'entretien, assuré par sa famille ou des prêtres stipendiés. Si ces conditions sont satisfaites, le défunt peut espérer trois types majeurs de survie.

- La survie dans la tombe et son environnement immédiat.

  C'est une réplique appauvrie du monde terrestre, avec ses joies et ses contrariétés, ses dangers. Le ba oiseau se pose à côté de la momie à laquelle l'unit un lien ontologique, mais reste libre de remonter le puits funéraire pour sortir au jour venir se désaltérer à la margelle des bassins. Pour lui rendre ce monde le plus agréable possible, des artefacts, comme les représentations qui ornaient les murs de sa chapelle, recréaient un environnement évidemment idéalisé.

- La survie dans l'au-delà souterrain appelée traditionnellement « survie chtonienne ».

  Le défunt revit dans un royaume des morts, la « Douat », située sous terre, et accessible par l'occident. Sous la gouvernance d'Osiris, il cultive une terre si fertile qu'elle donne de magnifiques moissons aux épis gigantesques.

- La survie céleste et solaire.

  La survie stellaire, par laquelle le défunt s'unit aux étoiles circumpolaires, les « impérissables », ou encore à des décans, en particulier Sirius et Orion, joue un rôle limité. En revanche, la survie solaire s'est progressivement imposée. Sous l'Ancien Empire, seul le pharaon était en droit de postuler à une nouvelle vie en compagnie du dieu solaire, puis la survie solaire se diffusa à ses sujets. Elle promet au défunt l'accès au soleil, grâce à une échelle, ou en se transformant en animal comme le faucon ou la sauterelle. Un fois parvenu au ciel, il accompagne le dieu solaire, ou s'unit à lui et effectue un périple céleste, le jour, qui se poursuit dans le monde souterrain, pendant la nuit. Ainsi, la destinée solaire se déploie à la fois au ciel et sous terre. Dès lors, elle recoupe la destinée « chtonienne ». De fait, les théologiens ont bâti des spéculations raffinées et complexes pour exprimer les relations symbiotiques entre Osiris et le dieu solaire.

Ces formes de survie, pour nous inconciliables, ne l'étaient nullement pour les anciens Égyptiens. Ils les mêlaient dans les rites et les apparats funéraires en un entrelacs inextricable.

# Index